はじめに

1．プライベートバンカー（PB）資格とは

　わが国におけるプライベートバンカーとは、企業オーナーを顧客の中心として、顧客の事業・資産承継や相続を支援するために、包括的な金融サービスを提案、実行支援するプロフェッショナルのことです。

　わが国においては、高齢化が急速に進む中で、経済のダイナミックな発展を維持していくために個人事業主や企業オーナーの事業の存続や承継が大きな問題となっています。こうした個人事業主や企業オーナーの多様なニーズに合った総合的な金融サービスを提案し、ともに歩んで行くようなプロフェッショナルの存在が求められています。さらに、概ね5千万円以上の金融資産を保有する個人の資産の運用・管理についても同様な金融サービスに対するニーズが高まっていくことも予想されます。

　一方、銀行や証券などにおいては、顧客の事業と資産の両面を踏まえたウェルスマネジメントのニーズが高まっており、顧客に対してコンサルティングや助言を提供できる専門性の高い人材を育成する教育プログラムの必要性が高まっています。

　そのような見通しの下、日本証券アナリスト協会は、50年余りにわたり金融・投資のプロフェッショナルを育成してきた実績と公益社団法人という中立公正な立場から、2013年にプライベートバンカーとして活躍するために必要な知識を体系化して学べる教育プログラムを開発し、同年6月からプライベートバンカー（PB）資格試験を開始しました。

2．PBにとっての資産の運用・管理

　PBに求められる知識の全体像については、2011年5月に当協会が公表したPB基礎知識体系において、次の7つの科目にまとめられています。

i

(1) ウェルスマネジメント

(2) 不動産

(3) 税金（海外を含む）

(4) 信託・エステートプランニング

(5) リレーションシップ・マネジメント

(6) マス富裕層

(7) 職業倫理

　資産の運用・管理は、この中のウェルスマネジメントに含まれています。PBは、①財産管理の視点からの資産の所有、②会社経営の視点からの事業経営、③家族目標の視点からのファミリーのあり方といった膨大な領域をカバーしなければなりませんが、いずれの領域でも資産の運用・管理は中核的な位置を占めています。とくに、資産の運用・管理の知識は、PBが顧客に提案をする際に使用する投資政策書を作成するうえで、不可欠なものであります。

　2018年度の税制改正によって、事業承継税制が大幅に変更されました。この結果、個人事業主や企業オーナーの関心が、これまで重要であった相続という分野から、資産の運用・管理という分野に移っていくことも、こうした分野の知識に対するニーズを大きく高めていくと思われます。

３．本書のねらい

　本書は、日本証券アナリスト協会が運営するPB資格制度のために作られたテキストで、PBが業務を遂行するうえで、知っておくべき資産の運用・管理の重要事項をまとめたものです。

　これまで、PB資格のための基本テキストとしては、「プライベートバンキング（上・下巻）」がありますが、資産の運用・管理に関する部分については、当協会が作成している「証券アナリスト基礎講座（第１分冊、第２分冊）」および「証券アナリスト第１次・第２次レベル通信講座テキスト」をサブテキストとして学習することとなっていました。

　こうした中で、先ほど述べましたように資産の運用・管理の重要性が高

まっていくという見通しの下、今般PBが資産の運用・管理の分野で必要とする知識を網羅したテキストとしてまとめられたものが本書です。本テキストでは、理論面と実務面の知識をできる限り有機的に関連付けながら学習できるようにも配慮しました。こうした観点から、このテキストは、PBを目指す方だけでなく、資産の運用・管理に関連するビジネスに携わるすべての方々が知っておくべき内容であると考えています。

　より多くの方々が、本テキストにより資産の運用・管理に関する枠組みや知識を習得されることを願っています。

2019年4月

公益社団法人　日本証券アナリスト協会

専務理事　前原康宏

目　次

はじめに ……………………………………………………………………… i

第1章　資産運用の基礎知識

【本章のねらい】………………………………………………………………… 1

■ 経済と金融 ……………………………………………………………… 2

- (1) 経済のメカニズム ……………………………………………………… 2
- (2) 名目GDPと実質GDP ………………………………………………… 4
- (3) 景気指標 ………………………………………………………………… 4
- (4) 物価指標 ………………………………………………………………… 6
- (5) 株価の変動要因 ………………………………………………………… 7
- (6) 債券価格の変動要因 …………………………………………………… 9

　　Column 1　日本の個人資産の特徴

　　　　〜貯蓄から投資へ、そして、資産形成へ〜 ……………………… 12

■ 証券市場の仕組み ……………………………………………………… 14

- (1) 株式と債券 ……………………………………………………………… 14
- (2) 発行市場と流通市場 …………………………………………………… 14
- (3) 市場インデックス ……………………………………………………… 17
- (4) 外国証券市場 …………………………………………………………… 17

　　Column 2　金融機能とセーフティネット ………………………… 20

第2章　資産運用の基礎理論

【本章のねらい】……………………………………………………………… 22

■ 基本的な考え方 ………………………………………………………… 22

- (1) 割引現在価値 …………………………………………………………… 22
- (2) リターンとリスク ……………………………………………………… 25
- (3) 金利の期間構造とイールドカーブ …………………………………… 26
- (4) 金利の期間構造の代表的な理論 ……………………………………… 30

Column 3　日本銀行の長短金利操作
　　　　（イールドカーブ・コントロール）……………… 31
　(5)　分散投資 ………………………………………………… 31
　(6)　ポートフォリオのリスク ……………………………… 32
　(7)　ポートフォリオ効果 …………………………………… 36
2　現代ポートフォリオ理論（Modern Portfolio Theory）…… 39
　(1)　無差別曲線と投資家の選好類型 ……………………… 39
　(2)　効率的フロンティア …………………………………… 40
　(3)　分離定理 ………………………………………………… 43
　(4)　資本資産評価モデル（CAPM）……………………… 43
　(5)　市場リスクと固有リスク ……………………………… 45
　(6)　CAPMに対する批判 …………………………………… 47
3　ポートフォリオのパフォーマンス評価指標……………… 49
　(1)　シャープ・レシオ ……………………………………… 49
　(2)　トレイナー・レシオ（トレイナー測度）…………… 50
　(3)　インフォメーション・レシオ ………………………… 50
　(4)　ジェンセンのアルファ（a）………………………… 51
4　市場の効率性……………………………………………… 55
　(1)　効率的市場仮説と3フォーム ………………………… 55
　(2)　ランダム・ウォーク理論 ……………………………… 56
　(3)　行動ファイナンスとアノマリー ……………………… 56

第3章　資産運用の実際

【本章のねらい】……………………………………………… 58
1　投資政策書と運用………………………………………… 58
　(1)　資産とファミリーミッション ………………………… 58
　(2)　投資政策書と運用 ……………………………………… 59
　(3)　顧客のファイナンシャルゴール ……………………… 60
2　運用手法…………………………………………………… 63
　(1)　資産クラスとアセット・ミックス …………………… 63

（2）　アセット・アロケーション ……………………………………………… 64

　（3）　アセット・アロケーションのプロセス ……………………………… 67

　（参考）戦略的アセット・アロケーション ……………………………… 67

　（4）　インデックス運用とアクティブ運用 ………………………………… 68

　（5）　クォンツ運用 ………………………………………………………………… 71

　（6）　レバレッジ運用 …………………………………………………………… 71

❸ 運用方法の選択 …………………………………………………………… 73

　（1）　顧客への運用アドバイス ……………………………………………… 73

　（2）　投資信託の分類 ……………………………………………………………… 77

　（3）　投資信託のコスト ………………………………………………………… 86

　（4）　投資信託の取引 …………………………………………………………… 89

　（5）　投資信託の分配金 ………………………………………………………… 90

第4章　資産運用の管理と情報収集

　【本章のねらい】 …………………………………………………………………… 93

❶ 運用管理の基礎知識 ………………………………………………………… 93

　（1）　投資政策書と運用モニタリング …………………………………… 93

　（2）　定量評価と定性評価 …………………………………………………… 96

❷ 情報収集 ……………………………………………………………………… 99

　（1）　アセット・アロケーションの情報収集 ……………………………… 99

　（2）　投資信託からの情報収集 ……………………………………………… 101

　（3）　投資政策書と情報収集 ………………………………………………… 105

第5章　株式

　【本章のねらい】 ………………………………………………………………… 106

❶ 株式を保有することの意味 …………………………………………… 107

　（1）　株主の権利 ………………………………………………………………… 107

　（2）　非上場企業オーナーにとっての株式 …………………………… 108

　（3）　上場企業経営者にとっての株価 …………………………………… 109

　（4）　M&A ………………………………………………………………………… 114

2 株式の評価尺度 ·· 119

　(1)　株価と利益 ··· 119

　(2)　株価の評価 ··· 119

　(3)　株式の評価（理論株価の考え方）··········· 122

　(4)　M&Aでの株式の評価 ···················· 125

　(5)　投資判断の方法 ····························· 127

　　　Column 4　分解することの意味 ··············· 130

第6章　債券

【本章のねらい】·· 133

1 債券の基本的な構造と利回り ··············· 134

　(1)　割引債 ··· 134

　(2)　利付債 ··· 134

　(3)　応募者利回り ································· 135

　(4)　直接利回り、最終利回り、所有期間利回り ··········· 136

　(5)　実効利回り ································· 137

2 債券投資のリスク ································· 139

　(1)　債券投資のリスク ··························· 139

　(2)　デュレーション ····························· 141

　(3)　コンベクシティ ····························· 141

　(4)　信用格付 ································· 142

3 債券の種類 ··· 143

　(1)　ワラント債（新株予約権付社債）··········· 143

　(2)　CB（転換社債型新株予約権付社債）··········· 143

　(3)　パリティ ······································· 143

　(4)　ハイイールド債 ····························· 143

　(5)　コーラブル債（期限前償還条項付債券）··········· 144

　(6)　仕組債 ··· 144

　　　Column 5　金利は現在と将来の架け橋？··········· 145

第7章　外国証券投資

【本章のねらい】 ……………………………………………………… 147

❶ 為替 …………………………………………………………………… 147

 (1)　為替レートの決定理論 ……………………………………… 147

 (2)　購買力平価説 ………………………………………………… 148

 (3)　アセット・アプローチ ……………………………………… 148

 (4)　TTSとTTB ………………………………………………… 149

 (5)　外貨預金の利回り計算 ……………………………………… 149

 (6)　為替ヘッジ …………………………………………………… 150

 (7)　先物為替レートと直物為替レート ………………………… 150

 (8)　FX（外国為替証拠金）取引 ……………………………… 151

❷ 外国証券投資 ………………………………………………………… 152

 (1)　外国証券のリスク・リターン特性 ………………………… 152

 (2)　国際分散投資 ………………………………………………… 152

 (3)　投資機会の拡大 ……………………………………………… 153

第8章　デリバティブ

【本章のねらい】 ……………………………………………………… 155

❶ デリバティブとは …………………………………………………… 155

 (1)　デリバティブと原資産 ……………………………………… 155

 (2)　デリバティブの特徴 ………………………………………… 156

 (3)　先物取引 ……………………………………………………… 157

 (4)　スワップ取引 ………………………………………………… 157

 (5)　オプション取引 ……………………………………………… 158

 (6)　ヨーロピアン・オプションとアメリカン・オプション ………… 159

❷ デリバティブの仕組み ……………………………………………… 161

 (1)　プレミアムの価格決定要因 ………………………………… 161

 (2)　本質的価値と時間的価値 …………………………………… 161

 (3)　ストラドル …………………………………………………… 163

 (4)　ストラングル ………………………………………………… 164

❸ デリバティブの種類 ································· 166

（1）先物取引（フューチャー）と先渡取引（フォワード）·········· 166

（2）バリア・オプション ···························· 166

（3）金利オプション ····························· 166

（4）アービトラージ ····························· 167

Column 6　デリバティブ教授方法に悩む ·················· 168

第9章　オルタナティブ投資

【本章のねらい】 ································· 171

❶ オルタナティブ投資 ·························· 171

（1）伝統的資産とオルタナティブ投資 ···················· 171

（2）オルタナティブ投資の特徴 ····················· 172

（3）オルタナティブ投資のメリット・デメリット ················ 173

❷ オルタナティブ投資の種類 ······················· 174

（1）不動産 ································· 174

（2）コモディティ ····························· 174

（3）ヘッジファンド ···························· 175

（4）プライベートエクイティ ························ 175

（5）証券化商品 ····························· 176

（6）インフラ投資 ····························· 176

（7）保険商品投資 ····························· 177

Column 7　オルタナティブ投資をどうとらえるか？ ············ 177

索引 ····································· 179

第1章　資産運用の基礎知識

【本章のねらい】

　本章では、経済が金融資産にどのように影響するか、さらに、金融市場とくに証券市場の仕組みや現状について学ぶことを目的としている。

　顧客の資産の運用・管理は、金融資産の運用によるリターンの獲得や、インフレから資産価値を守り、ファミリーの永続的な繁栄を維持することが目的であるが、それは同時に企業や国などに資金を提供して経済活動を後押しすることにもつながる。人は人的資産である労働を提供して賃金を得る。その賃金から余剰が生まれ財的資産である不動産や金融資産が生まれる。金融資産に投資するということは経済活動を後押しする対価として利潤を得ることである。金融資産の価格は経済動向によって変動し、リターンは企業業績の向上や国民経済の成長によってもたらされるように、資産運用は、経済活動と密接に関係している。グローバルな視点で世界の証券市場を俯瞰すれば、外国証券市場に比較して日本市場のプレゼンスは思ったよりも小さい。円の経済圏で生活をする我々にとって為替リスクの問題はあるが、国際分散投資の必要性があることは明白であろう。

　まず、基礎知識として経済と金融の関係、さらには経済と証券価格との関係を学ぼう。特に、金利は経済を映し出す鏡であり、大きな影響を企業の経済活動・国民生活に与える。単に知識としてではなく、なぜ、そのように影響するのか、もし、現実が理論上あるべき状況になっていないとしたらどこに原因があるのか、事実と理論的なメカニズムの関係を意識しながら学んでほしい。

1 経済と金融

　国民経済の成長は金融資産の価格に大きく影響する。それは高度成長期の日本の株価の推移を振り返れば明らかであろう。しかし、現在の日本は少子高齢化社会である。これからの日本経済はどのように変容し、経済成長率はどのように推移するのか。顧客の資産形成を考えれば、海外の成長率が高い国々への金融資産への投資を考えなければならないのか。そのためには各国比較できるツールを学ばなければならない。経済ニュースで主要国の経済の状況を伝えるのにどうして経済成長率を使うのか。そもそも経済成長とは何か。これら基本的な経済用語の定義と関係を学ぼう。

(1) 経済のメカニズム

　経済のメカニズムは、企業が家計（個人）から提供される労働や資本を使って財・サービスを生産し、それを家計（個人）や政府が消費するという循環によって成り立っている。

　企業の生産を国全体で集計した合計を国内総生産（GDP＝Gross Domestic Product）というが、これは一国の経済活動規模を見る基本的な概念で、国内で一定期間（たとえば一年間）に生産された全ての財・サービスの総額のことをいう。GDPを分配面（＝所得）からとらえたものを国内総所得（GDI＝Gross Domestic Income）といい、GDIは国内で一定期間内に支払われた賃金と利潤、配当等の合計額を指す。また、GDPを支出面（＝需要）からとらえたものを国内総支出（GDE＝Gross Domestic Expenditure）といい、GDEは民間最終支出、政府最終支出、国内総資本形成（民間設備投資、住宅投資、公的固定資本形成、在庫投資）、財・サービスの純輸出から成る。

（図表１－１）生産、分配、支出の一致

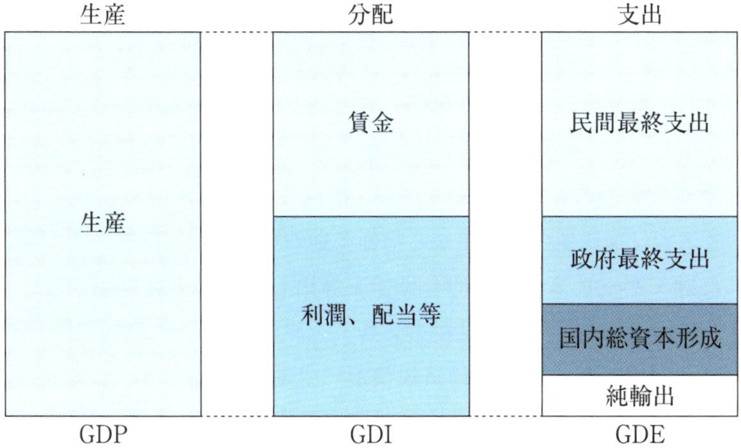

生産	分配	支出
生産	賃金	民間最終支出
	利潤、配当等	政府最終支出
		国内総資本形成
		純輸出
GDP	GDI	GDE

（図表１－２）名目GDPの生産、分配、支出（2017年度）

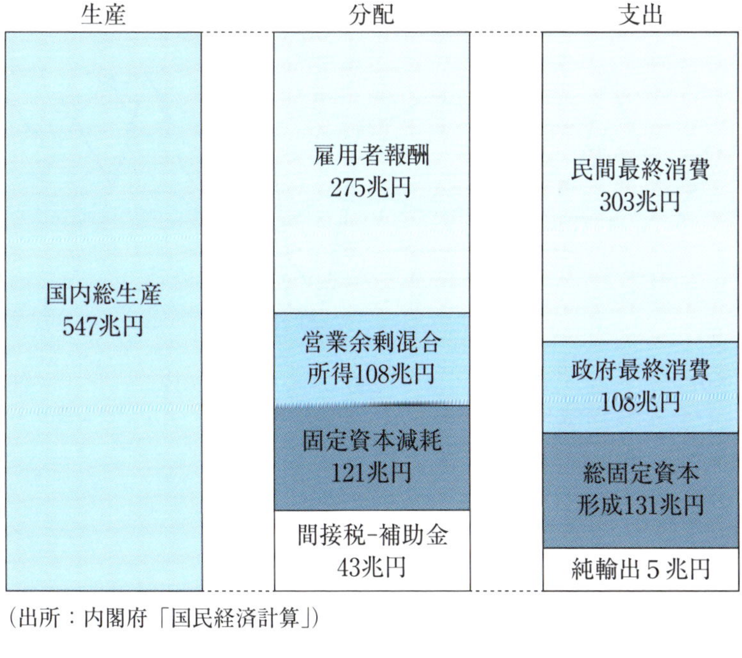

生産	分配	支出
国内総生産 547兆円	雇用者報酬 275兆円	民間最終消費 303兆円
	営業余剰混合 所得108兆円	政府最終消費 108兆円
	固定資本減耗 121兆円	総固定資本 形成131兆円
	間接税-補助金 43兆円	純輸出５兆円

（出所：内閣府「国民経済計算」）

(2) 名目GDPと実質GDP

　名目GDPとは、国内で一定期間内に生産された財・サービスの付加価値の合計額を表わす指標であり、その年に生産された財・サービスの付加価値を合計して算出する。付加価値は、その時々の時価で集計されるため、インフレが生じて多くの財・サービスが値上がりすれば見かけは増えることになる（デフレの場合は逆）。このため、国内で一定期間内に生産された財・サービスの付加価値の合計額から物価変動の影響を取り除き、その年に生産された財・サービスの実質的な価値を算出したものを実質GDPという。つまり、名目GDPから「物価変動の影響」を除いたものが実質GDPである。

　なお、GDPで測った国の経済規模が一定期間に増加ないし減少した率を経済成長率という。経済成長率には、名目GDPを用いた名目経済成長率と実質GDPを用いた実質経済成長率がある。

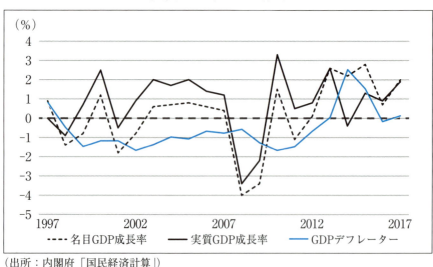

（図表１－３）GDP成長率

（出所：内閣府「国民経済計算」）

(3) 景気指標

　GDP統計は、国際比較にも用いられる優れた指標であるものの、四半期毎にしか発表されないため、その他の経済指標も見ておく必要がある。

　景気動向指数は、景気全体の現状を知ったり、将来の動向を予測したりす

るときに使われる経済指標で、内閣府が毎月発表している。景気に先行して動く「先行系列（11系列）」、景気と一致して動く「一致系列（9系列）」、景気に遅れて動く「遅行系列（9系列）」の29系列について、それぞれの系列内でCI（コンポジット・インデックス）およびDI（デフュージョン・インデックス）を算出する。CIは構成する指標の動きを合成することで景気変動の大きさやテンポ（量感）を表し、DI（景況感を「良い」と答えた企業の割合から「悪い」と答えた企業の割合を引いた値）は構成する指標を3ヵ月前の値と比較し、改善した指標の割合により景気判断の材料とする。上昇を示す指標が連続して50％を上回っているときは景気拡大、50％を下回っているときは景気後退と考える。

　日銀短観は、「日本銀行全国企業短期経済観測調査」の略で、日本銀行が国内の資本金2千万円以上の企業（1万社超）を対象に、業績・設備投資・雇用状況などの調査を行い、四半期に一度のペースで発表する景気関連の経済統計をいう。速報性が高く、調査対象も広いことから、マーケットやエコノミストの注目度が高い。景況感を聞いた業況判断DIが特に注目される。

　景況感を知ることは二つの意味をもつ。一つは顧客の資産運用への影響、もう一つは顧客が経営する会社などの事業への影響である。たとえば事業見通しが悪く会社のキャッシュフローが枯渇する場合、経営者の個人資産から事業への貸付を行うことがある。つまり運用資産のキャッシュ化ニーズが生まれることになる。一方、事業が発展している場合、銀行が貸付に応じてくれるのでキャッシュフロー・ニーズは満たされる。事業が成熟期を迎えた場合は、銀行への返済、さらには役員報酬の増額など個人資産の増加が期待できる。

　このように事業と個人資産運用の関係は必ずしも一致しないので留意が必要である。景気動向がこの二つにどのように影響するかという見通しをもって対応することが必要である。また、企業には成長サイクルがある。以下は成長サイクルと事業キャッシュフロー・ニーズの概念図である。顧客企業がどのステージにあるのかを把握することはアドバイスを行うための一助となる。企業を製品に置き換えても同様のことが言える。衰退期になると、企業では第二の創業、製品では新商品開発が必要となる。

(図表1－4）企業の成長サイクルと事業キャッシュフロー・ニーズの概念図

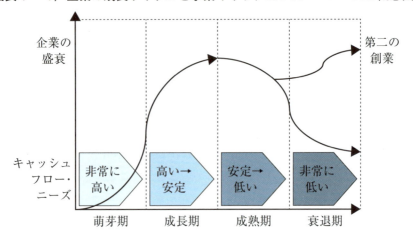

(4) 物価指標

　名目GDPを実質GDPで割ったものをGDPデフレーターという。名目GDPと実質GDPはそれぞれインフレの調整を行っていないGDPと調整を行ったGDPであるから、その比にあたるGDPデフレーターは、インフレの程度を表す物価指数である。GDPデフレーターの上昇が続けばインフレ、下落が続けばデフレを示している。

　なお、GDPデフレーターは輸入物価の上昇による影響を控除した国内の物価水準を表しているため、原油価格が上昇して国内のガソリン価格が上がるような場合には、CPI（消費者物価指数）が上昇しているにもかかわらず、GDPデフレーターが下落するという現象が起こりうる。GDPデフレーターとCPI（消費者物価指数）は算出式の違いのほか、CPIは家計消費を対象にしているのに対して、GDPデフレーターは設備投資等を含んでいる等の違いがある。CPIには生鮮食品など気候変動で価格が左右されるものやガソリン価格などエネルギー価格の変動を排除したコアCPI、コアコアCPIがある。このようにさまざまな物価指標があるが、それぞれの特徴を踏まえて物価指標を選択する必要がある。

(5) 株価の変動要因

　株価はファンダメンタルズの変化に大きな影響を受ける。ファンダメンタルズとは、国や企業などの経済状態などを表す指標のことで、「経済の基礎的条件」と訳される。国や地域の場合、経済成長率、物価上昇率、財政収支などがこれに当たり、企業の場合、売上高や利益などの業績や資産・負債などの財務状況がこれに当たる。

　株価と景気、金利、為替との関係は次のように考えられるが、現実にはさまざまな要因が複雑に絡み、将来の変化の予想にも影響を受けるので、短期的にはその通りの動きとはならないことに注意が必要である。つまり、短期的にはそのような動きにならなくても中長期的にはファンダメンタルズの変化に株価が従うと考えられているので、理論どおりでない現実の原因を追究することで投資機会が生まれる。プライベートバンカーはプロフェッショナルとして現実と理論の乖離を分析し、仮説を立て、結果を受け止めることで精度をあげる努力が必要である。

① 景気と株価

　景気が良くなると、財・サービスが売れるようになり、その結果、企業の利益が増え、株価が上昇する。一方、不景気になると、財・サービスが売れなくなり、その結果、企業の利益が減少し、株価は下落する。

　この考え方は理論的に正しい。しかし、企業業績が良好なのに財・サービスが売れなくなり景気が停滞していたら、その原因はどこにあるのだろうか。エコノミストがこのような問題を議論している。たとえば、その原因が企業の投資行動（設備投資に利益を振り向けることなく内部留保し配当も増額せず、企業価値の向上策もなく、賃金の増額を行わない）にあるとしたら、どのように株価に影響するだろうか。国全体の景気は良くならないのだから株価のインデックス[1]への影響が限定的になるとしたら、どのような投資戦略が有効か考えなければならない。この場合個別企業の業績や成長性に着目する方法[2]がある。

---

[1] 市場における個々の価格データから、一定のルールで市場全体の動向が分かるような1つの値に数値化し、市場全体の動向を示した指標。本テキストp.17参照。

[2] 本テキストp.68参照。

近年、企業価値の向上策としてコーポレートガバナンスコードやスチュワードシップコード[3]が導入された。これらのコードには企業価値が向上すれば株価は上昇するという考え方が根本にある。

②　金利と株価

借入金が多い企業は、金利が下がると支払い利息が減少して利益が増加するので株価は上昇する。一方、金利が上がると金利負担が膨らんで利益が減少するので株価は下落する。このことから負債が多いかどうかで株価の影響に違いが出るということに気づく。何に対して負債が大きいかといえば利益の規模であろう。つまり、短期的には単年度の利益に対する金利負担（損益計算書の問題）だが、長期的には企業規模に対して適切な負債割合になっているかどうか（貸借対照表の問題）[4]、さらには適切な利率での金利負担であるかという問題となる。

また、金利が低くなる[5]と、企業の設備投資[6]や個人消費が活発化し、企業の利益が増えるため、株価は上昇する。一方、金利が高くなると、企業の設備投資や個人消費が控えられ、株価は下落する。金利の個人消費への影響が大きいものとして住宅投資がある。また、年金生活者など資産のストックに依存して生活しているものは金利が低くなると金利収入が少なくなり消費が抑えられるなど、詳細に確認すると反対の影響を受ける消費者がいることにも留意したい。

---

[3]　どちらも投資家と企業経営者の対話が重要であるという考え方に基づいている。2015年に導入されたコーポレートガバナンスコードは株主と企業経営者のあり方を示すものであり、2014年に導入されたスチュワードシップコードは主として機関投資家がどのように企業経営者に対峙するかを示している。

[4]　負債と純資産の比率はDEレシオとして計算可能である。

[5]　ゼロ金利政策の日本では基準金利をこれ以上低め誘導できないので、資金供給を増加させたり、日本銀行が国債を大量購入したりしてインフレ期待を高めることで、実質的な金利低下と同様の効果を狙った政策がとられている。

[6]　金利が低下すると資本コストが低下する。また、投資家の期待収益率も低下する。

③ 為替と株価

売上げや仕入れに占める輸出入の比率が大きい企業は、為替の変動が利益に直結することから、為替の株価に対する影響が大きい。自動車、電機、機械といった輸出型企業は、為替が円安になると、価格競争力が上がり、利益が増加する。一方、資源、食品、小売りといった輸入型企業は、為替が円高になると、仕入れ価格が低下して、利益が増加する。

（図表1－5）株価の変動要因

	景気		金利		為替	
	好景気	不景気	上昇	下落	円高	円安
株価	⬆	⬇	⬇	⬆	輸入企業 ⬆ 輸出企業 ⬇	輸入企業 ⬇ 輸出企業 ⬆

（図表1－5）は株価の変動要因として、景気、金利、為替の3つの要素の影響をまとめた表である。解説したとおりそれぞれの要因が大きく影響する企業とそうでない企業もあれば、為替のように輸入企業と輸出企業でまったく反対に影響するものもある。これらの関係性を理解することが資産運用に役立つ。さらに、株価の変動が顧客の事業にどのように影響するかを考慮して投資政策書[7]を作成する必要があろう。

(6) 債券価格の変動要因

債券価格は、市場環境の変化を事後的に反映するのではなく、将来の変化の予想に基づいて形成される。例えば、将来、金利が低下すると予想する投資家は、債券の利回りも実際に将来低下することを見込んで債券を購入する。債券価格の算出式[8]を思い浮かべれば理解しやすい。債券は将来受け取る利札（クーポン）の額が決まっている。将来受け取るクーポンや額面の現在価値を算出するために割り引く割引率がどのようになるかの見通しが投資家に

---

[7]　本テキストp.58参照。

[8]　本テキストp.135参照。

よって異なるから将来の債券価格の予測が異なることで取引が生じる。つまり、債券価格の変動は、市場における金利などに対する予想の変化が、債券の需給に反映されることによって引き起こされる。

債券価格と景気、海外金利、為替との関係は次のように考えられるが、現実には株価同様、さまざまな要因が影響するため、短期的にはそのとおりの動きとはならないことに注意が必要である。

① 景気と債券価格

不況期には企業の設備投資意欲が減退し、個人消費も低調となるため、企業の資金需要は減少する。その結果、金利が下がり、債券価格が上昇する[9]。一方で、好況期には資金需要の増加から金利が上昇し、債券価格が下落する。このように債券価格と株価は景気をベースに考えれば逆方向に動くことがわかる。そのためポートフォリオに株と債券を組み込めばリスク低減効果が見込める。

② 海外金利と債券価格

わが国の債券価格は、海外金利、特に米国金利の影響を強く受ける。例えば、米国金利が上昇して、日本との金利差が拡大すると、投資家は利回りの高い米国債券への投資を積極化することから、国内の債券需給が悪化し、債券価格が下落（利回りが上昇）する。海外との金利差が拡大すれば海外投資の需要は高まるが、一方で外貨への需要が高まるので為替相場に影響する。つまり、外貨を買って円貨を売る動き[10]となり円安要因となる。

③ 為替と債券価格

為替相場は、内外の資金の動きや、わが国の金融政策に影響を及ぼすとともに、債券価格と密接に関係している。例えば、円高局面では（**図表１－**

---

[9] 本テキストp.134参照。

[10] 金利差に着目して低金利の円貨を借り入れて、金利の高い外貨で運用する取引を円キャリートレードという。投資目的で外貨ポジションを持つため、為替が円安になれば金利収益に加えて為替収益も得られることから円安時に円を買って外貨を売る反対トレードが起こる。

６）のような動きが起こり、債券価格は上昇（金利は低下）する。また、円安局面ではこの逆の動きが起こる。

（図表１－６）円高局面での債券価格の動き

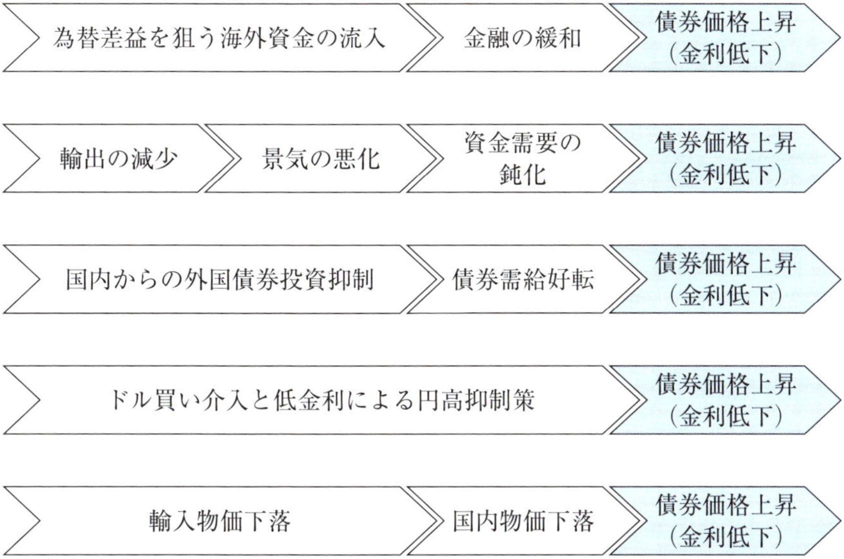

為替差益を狙う海外資金の流入　＞　金融の緩和　＞　債券価格上昇（金利低下）

輸出の減少　＞　景気の悪化　＞　資金需要の鈍化　＞　債券価格上昇（金利低下）

国内からの外国債券投資抑制　＞　債券需給好転　＞　債券価格上昇（金利低下）

ドル買い介入と低金利による円高抑制策　＞　債券価格上昇（金利低下）

輸入物価下落　＞　国内物価下落　＞　債券価格上昇（金利低下）

Column1

日本の個人資産の特徴
～貯蓄から投資へ、そして、資産形成へ～

　個人は金融機関や証券市場を通じて資産を運用しているが、実際には、どのような資産にどのような割合で運用しているのであろうか。

　（図表１－７）には2011年末と2017年末の日本の個人金融資産の内訳が示してある。これを見ると、2017年末の個人金融資産は1,802兆円で、その半分以上の932兆円（51.7％）が現預金となっている。これに次いで年金・保険が521兆円（28.9％）と多い。いわゆる元本が保証され、リスクのほとんどない資産での運用が大半となっている。リスクのある有価証券での運用は、株式等181兆円（10.0％）、債券25兆円（1.4％）、投資信託98兆円（5.4％）と、合計しても17％程度にすぎない。2011年末の内訳が、現預金838兆円（56.5％）、株式等86兆円（6％）、投資信託40兆円（3％）であったことと比べると、リスク資産の比率は上がってはいるものの、その間、アベノミクス等による株価の回復があったことを考えると、貯蓄から投資へのシフトが進んだとは言い難い。

（図表１－７）日本の家計金融資産の変化（2011年末 VS 2017年末）

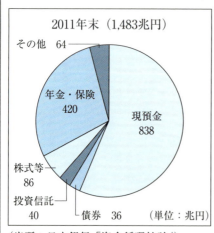
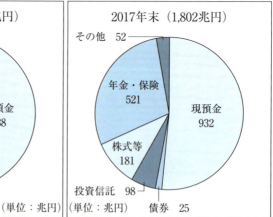

（出所：日本銀行「資金循環統計」）

第1章　資産運用の基礎知識

　（図表1-8）には2017年末の日米欧の個人金融資産の内訳が示してある。各地域・国の家計金融資産の内訳を見ると、米国は、株式等（35.8％）、投資信託（11％）、現預金（13.4％）とリスク資産の比率が高く、欧州も、株式等（18.2％）、投資信託（9.2％）、現預金（33.2％）と一定比率のリスク資産があるが、日本は、株式等（10％）、投資信託（5.4％）、現預金（51.7％）と現預金の比率が圧倒的に高く、リスク資産の比率が際立って低いことがわかる。

　金融庁はこれまでの「貯蓄から投資へ」という考え方を進めて、「貯蓄から資産形成へ」との方針を打ち出し、国民の資産形成を推奨している。具体的にはNISAやiDeCoなどにより税制優遇を行っている。どちらも運用収益は非課税である。若年層を中心に長期間の運用が期待されている。長期であれば複利効果は大きい。人生100年時代、定年延長も限界があり年金生活期間も長い。税制優遇の資産形成はより重要になろう。

（図表1-8）日米欧の家計金融資産の構成比（2017年末）

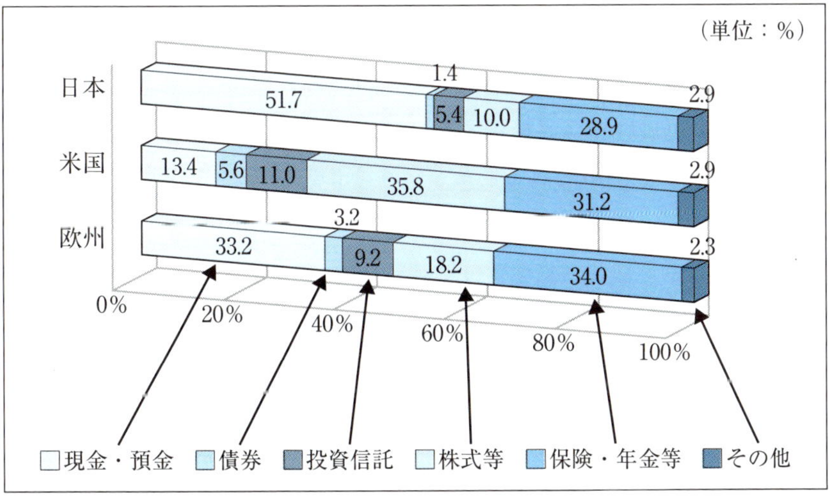

（単位：％）

	現金・預金	債券	投資信託	株式等	保険・年金等	その他
日本	51.7	1.4	5.4	10.0	28.9	2.9
米国	13.4	5.6	11.0	35.8	31.2	2.9
欧州	33.2	3.2	9.2	18.2	34.0	2.3

（出所：日本銀行「資金循環統計」）

2 証券市場の仕組み

(1) 株式と債券

　ここで、実際の証券市場の仕組みについて、マクロ的な視点から概観してみたい。株式とは、企業（株式会社）が資金を調達するために発行する出資証券のことをいう。株式を購入することは、その企業に資金を出して株主になることであり、また株主総会等を通じて、その企業の経営に参加することを意味する。また、債券とは、資金を借りるために発行する借用証書のことをいい、国が発行する債券を「国債」、地方自治体が発行する債券を「地方債」、企業が発行する債券を「社債」という。一般に債券に投資するということは、その発行体に対して直接資金を貸すことを意味し、株式とは異なり経営に参加する権利はない。

　企業側から見れば、経営権への参加は別にして株式も債券も資金調達の手段である。さらには借入金という調達方法もある。どのような時にどの程度の資金調達をどの方法で行うかは経営判断であるが、それぞれの特徴を理解しておくことが必要である。たとえば、企業の資金調達の場は発行市場であり、流通市場ではない。しかし、流通市場での自社の株価がどのような状態であるかは発行市場で資金調達がうまく行えるかどうかに影響する。さらに、流通市場の株価はM&Aに影響する。株式交換という手法を用いるのであれば、買収する側、買収される側ともに流通市場での株価は重要である。まず基本的な仕組みから理解しよう。

(2) 発行市場と流通市場

　証券市場は、機能面から発行市場と流通市場とに分類される。発行市場とは、資金調達の目的で新規に発行される証券を、発行者から直接、もしくは証券会社、銀行等を介して、投資家が一次取得する市場のことをいう。主に、当事者間の相対での取引であり、取引所のような具体的な市場のない抽象的な市場のことを指す。一方、流通市場とは、すでに発行された証券が、投資家から投資家に流通・売買される市場のことをいう。発行市場は抽象的な市場であるのに対し、流通市場には取引所のような具体的な市場が存在する。

　株式の発行は、それによって資本を調達することから増資と呼ばれるが、

大きく分けて、①公募、②株主割当、③第三者割当の３つがある。公募とは、不特定多数（50人以上）の投資家に売り出されるもの、株主割当とは、既存の株主に新株を割り当てて発行するもの、第三者割当とは、株主であるか否かを問わず、特定の第三者に新株を割り当てて発行するものをいう。経営者には増資のほか、債券の発行、借り入れなど多様な資金調達の方法がある。その中で増資を選択するのは、株主から資金調達をしたいか、株主から資金調達をせざるをえない場合であろう。例えば前者なら資金調達の目的が長期的に企業価値の向上に役立つことについて、株主の理解を得たい場合である。後者は経営的に危機にあり、銀行等に理解が得られない場合である。なお、既存株主の理解を得られず株価の暴落が予想されるような場合には、公募や株主割当ができず第三者割当を選択することになる。このように経営状況に応じて最適な資金調達を行う必要があるが、日頃から経営者が株主との良好な関係を維持し経営方針を理解してもらうことが最も大切である。この活動をIR（Investor Relations）活動という。特にこの活動の真価が試されるのは、市場から資金調達する場合や、敵対的な買収に対して議決権獲得活動であるプロキシーファイト（Proxy Fight）を行う場合である。企業の成長サイクルを考慮しながらもIR活動を通じて株主対策を意識した対応が必要である。具体的にはどのような属性や特徴をもった投資家に株主になってもらいたいか、その構成はどのようなもので現状はどのような状況にあるかを経営者が把握しておかなければならない。

　プライベートバンカーとして上場企業の経営者を顧客に持つ場合、持つ株の価値、その比率や配当の動向は顧客の資産運用に影響する。顧客の資産の源泉となる事業の盛衰と保有資産の運用利回りの相関性が高いならば特に注意が必要である。非上場企業の場合、資金調達の手段は限定されるが、ベンチャーキャピタルからの出資を受ける場合は増資にあたる。企業価値の算定が適切か、出資後の比率は適切か、どのような契約を締結すればよいかなど具体的なアドバイスが求められる。

　債券の発行には、公募と私募がある。公募とは、不特定多数（50人以上）の投資家に対して売り出されるもの、私募とは少数の特定投資家（50人未満）に対して売り出されるものをいう。私募の方が公募よりも発行に際して

制限が少ない[11]。ヘッジファンドなどは私募での募集が多い。債券による資金調達を行う理由としては大きく分けて二つある。一つは国や事業会社が事業資金の調達を目的とするもの。もう一つは資産運用会社が運用目的で募集するものである。前者の場合、資金調達は銀行からの借り入れも可能であるので、債券を発行する場合のメリットは借入金利よりもクーポン・レートが低いこと、さらに資金調達規模が大きいことである。債券発行には募集手数料や格付け取得などの費用がかかるので調達規模が一定以上なければメリットはない[12]。さらに自社の格付けが低ければクーポン・レートを高く設定しなければ応募者は少なくなる。これらのことに配慮しながら資金調達方法の一つとして債券の発行を考える。

　次に、流通市場とはすでに発行された証券を投資家間で売買する市場で、取引所や店頭市場を指す。流通市場では、新たな資金調達が行われるわけではないが、証券の流動性を高めることで、証券の魅力が高まるので、企業は発行市場において低コストでの資金調達が可能になる。また、流通市場で売買されることでさまざまな情報が価格に反映され、発行市場にも還元される。

　なお、証券市場がさまざまな情報を反映して価格を決定する機能を価格発見機能といい、企業価値に影響を及ぼす情報が即座に価格に織り込まれるような市場を効率的市場[13]という。証券市場の価格発見機能が優れたものであることは価格の報告義務がない相対取引を想像すると理解しやすい[14]。

---

[11] 私募の場合、目論見書や有価証券報告書の提出義務がないなど公募に比較して規制が緩和されている。

[12] 例えば病院は債券を発行して資金調達する道が開かれている。しかし、実際は格付け取得費用や資金調達規模の問題から、借り入れ、特に福祉医療機構からの借り入れで資金調達を行う場合が多い。

[13] 本テキストp.55参照。

[14] ムハマド・ユヌスは2006年ノーベル平和賞を受賞した。バングラデシュの農村の貧困対策としてマイクロファイナンスが有名であるが、そのほかの事業として農作物の取引価格が公平かどうか確認できるようにインターネットを村に配備することも行っている。これは情報が閉鎖された中での取引では公正な価格での取引（フェアトレード）が行われず貧困の連鎖が生じてしまうことへの対策である。

(3) 市場インデックス

　株式や債券の流通市場では、取引を通じて日々、各々の銘柄の価格が変動している。株式や債券、金利、コモディティなどの市場における個々の価格データを一定のルールで市場全体の動向が分かるような1つの値に数値化し、市場全体の動向を示した指標のことを市場インデックスという。市場インデックスは、取引所や新聞社、金融情報会社などが開発し、算出・公表している。例えば、株式のインデックスとしては、TOPIX（東証株価指数）や日経平均株価などがある。

　また、市場に存在する証券等は必ず誰かに保有されていることから、市場全体の動向を示すインデックスは、投資家全体の平均的な投資パフォーマンスを表してもいる。従って、個々の投資パフォーマンスを市場インデックスと比較することにより、パフォーマンスの相対的な優劣を評価することができる。このような意味でのインデックスをベンチマークという。

(4) 外国証券市場

① 外国証券投資の意義

　国内への投資に加えて、外国証券への投資を考えた場合、投資対象が格段に増える。世界全体がグローバル化しており、日本のように高齢化が進みデフレ懸念に悩む国もあれば、新興国に代表されるように、人口が増加し経済も右肩上がりに成長している国や、米国のようにインターネット関連産業の急激な進化で景気が急回復した国もある。さらに、国によって代表的な産業や業種が異なることも多く、外国証券へ投資対象を広げることにより、国内とは異なった収益源泉を見つけることが可能になる。

② 世界の株式市場

　まず、世界の株式市場の時価総額の国別シェアをみてみる。(**図表1−9**)にあるように、世界の株式市場に占める日本の株式市場の時価総額は10％未満にすぎない。残りの90％以上は欧米の先進国を中心とした株式市場が占めている。中でも米国は、構成比率が53％と他国と比較して圧倒的に高いことが分かる。

また、世界の株式市場の時価総額の地域別シェアをみてみると、**(図表1－10)** にあるように、北米が56%と過半を占め、次いで欧州の22%、アジア・パシフィックの13%となっている。ただ、BRICs（ブラジル、ロシア、インド、中国、南アフリカ）を含むエマージング（新興国）の比率も9%と一定の割合を占めてきており、徐々にその存在感を高めつつある。

（図表1－9）世界の株式市場の時価総額・国別シェア（2017年）

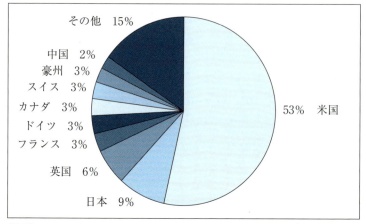

（出所：The World Bank, "World Development Indicators"）

（図表1－10）世界の株式市場の時価総額・地域別シェア（2017年）

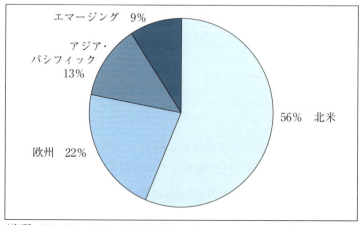

（出所：The World Bank, "World Development Indicators"）

③ 世界の債券市場

　次に、世界の債券市場の時価総額の国別シェアをみてみる。（図表１－11）にあるように、やはり米国のシェアが52％と圧倒的であるが、日本のシェアも28％と第２位を占めている。これは、日本の国債の発行額が大きいためである。また、世界の債券市場においては、米ドル建てが圧倒的に多く、債券市場における米国の影響力の大きさを表している。なお、現在、世界の債券市場は、世界の株式市場より規模が大きく、年々拡大している。

（図表１－11）世界の債券市場の時価総額・国別シェア（2017年）

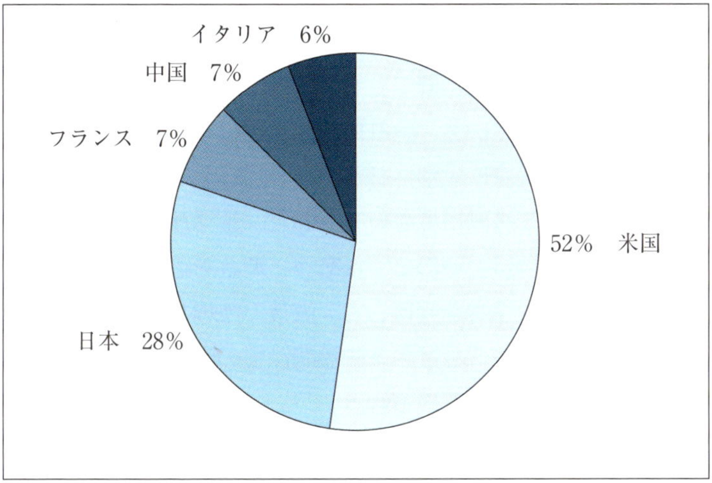

（出所：The World Bank, "World Development Indicators"）

④ エマージング（新興国）市場

　エマージング（新興国）市場とは、経済が発展途上にある国や地域のマーケットのことをいう。中国やインド、ロシア、東南アジア、中東、中南米、東欧などの高い潜在成長力が見込まれる新興諸国が対象とされる。

　一般にエマージング市場への投資では、経済が急成長・急拡大することにより高いリターンが期待できる半面、経済や市場の仕組みが未成熟であるため、突然の政権交代や政策変更、急激なインフレ、通貨価値の暴落などのリスクもあるので、先進国市場と比較して、ハイリスク・ハイリターンであることが大きな特徴となっている。

なお、エマージング市場の中で、特に高い成長が見込める国をグループ化して、BRICs（ブラジル、ロシア、インド、中国、南アフリカ）や、NEXT11（メキシコ、ナイジェリア、韓国、ベトナム、インドネシア、バングラデシュ、パキスタン、フィリピン、トルコ、イラン、エジプト）といった表現が使われることもある。

Column2

金融機能とセーフティネット

資金の需要者と供給者との間に立ち、両者の取引を円滑に媒介する機能を持つ機関を金融機関という。金融機関は、銀行などの預金取扱機関とそれ以外（保険会社など）に大別される。

資金調達の場として金融市場を見てみると、企業が資金調達を行うルートとして直接金融と間接金融の2つがある。資金を必要とする企業や国などが、株式・社債・公債等を発行して、直接、市場から資金を調達することを直接金融といい、銀行などの金融機関からの借り入れを通じて、間接的に資金を調達することを間接金融という。

直接金融と間接金融の違いは、リスクを負う対象にある。例えば、直接金融の担い手である証券会社は、あくまで仲介を行うのみで、企業が倒産した場合などに発生する債務の返済の責任は負わない。一方、間接金融の場合、資金を貸した先が返済できなくなった場合も、金融仲介を行う銀行や保険会社が損失を負い、原則として元々の貸し手（預金者）が責任を負うことはない。

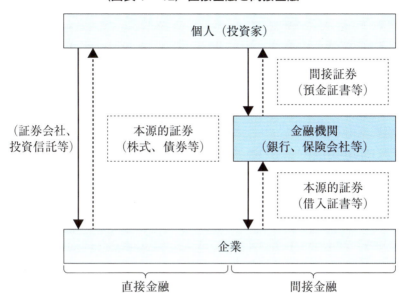

(図表1-12) 直接金融と間接金融

　間接金融である銀行などの預金取扱機関が破綻した場合に、一定額の預金を保護するための制度を預金保険制度という。預金保険制度により、定期預金や普通預金等は、1金融機関ごとに、預金者1人当たり元本1,000万円までと破綻日までの利息が保護される。また、当座預金や利息の付かない決済性預金は、全額保護される。

　なお、預金保護の方法には、資金援助方式と保険金支払い（ペイオフ）方式がある。資金援助方式は、預金保険機構が破綻金融機関を救済する金融機関に対して、その救済が容易になるよう資金の援助を行い、ペイオフ方式は、預金保険機構が預金者に対して直接保険金を支払う。

第2章　資産運用の基礎理論

【本章のねらい】

　本章では投資政策書の中で顧客の資産運用のために提示するポートフォリオを構築し評価するために必要な基本的な理論を学ぶ。

　資産運用のプロフェッショナルである機関投資家の多くは、現代ポートフォリオ理論を学び、それをベースとしてさまざまな工夫をこらしながら資産運用を行っている。機関投資家は資金提供者に対する受託者責任があり、運を天に任せるような運用はできない。プライベートバンカーとして現代ポートフォリオ理論を学ぶことは機関投資家の動向を研究するうえでも、顧客に対する受託者責任を果たすうえでも意義がある。また、顧客に対する説明責任を果たすためには、構築したポートフォリオのパフォーマンスを評価することも重要である。本章では通常使用されているポートフォリオのパフォーマンス評価指標を紹介する。さらに、現実の市場が現代ポートフォリオ理論では必ずしもうまく説明できないような事例が多いことから、行動ファイナンス理論も重視されるようになってきているので、本章で紹介したい。

　無論、現実は複雑なものであり、理論どおり現実の市場が動くという保証はどこにもない。しかし、理論を学んだうえで現実を分析しなければ真実にたどり着くことはできない。プライベートバンカーが、こうした理論を踏まえたうえで顧客に対してポートフォリオを提案し、そのパフォーマンスを評価し説明する能力を身に付けることはプロフェッショナルとして必須の条件である。

1 基本的な考え方

(1) 割引現在価値

　通常人々は、1年後に受け取る1百万円の価値よりも今日持っている1百万円の価値の方が大きいと考えている。このことは、あなたが銀行に預金を

することを考えると分かりやすい。たとえば、あなたが1年物の定期預金を1百万円すれば、1年後には1百万円の元本に1年間の利息を合わせた金額が戻ってくる。従って、あなたにとって、1年後の1百万円という価値よりも現在の1百万円の価値の方が大きい。これを図示すると次のようになる。

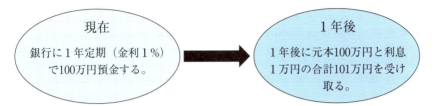

現在所持している金額の1年後の受取金額（将来価値）を数式で表すと100万円×（1＋0.01）＝101万円となる。すなわち、現在価値と将来価値の間には次のような関係がある。

　　　現在価値×（1＋金利）＝将来価値

この式から、将来価値の現在価値を求めると以下のようになる。

　　　現在価値＝将来価値÷（1＋金利）

ここで、金利の意味を考えるために再びあなたが銀行に預金する例を考えてみよう。あなたが銀行に預金をするということは、銀行から見るとあなたからお金を借りるということを意味している。すなわち、あなたは銀行に対する債権者であり、銀行はあなたにとって債務者である。債務者である銀行が借りた資金に対する謝礼（貸借料）の借りた資金（元本）に対する比率を金利という。貸借料として支払われる金額は、通常利息ないし利子と呼ばれている。

また、上の式にあるように金利は現在価値と将来価値との関係を示していることから、時間の価値を示しているともいえる。すなわち、金利は現在価値が時間の経過とともに将来どの程度大きくなるかを示しており、同時に将来価値を現在の価値に直すときにどの程度割り引く必要があるかを示してい

る。この場合、上記の式における金利は「割引率（discount rate）」として使用されている。

　先程の１年物定期預金（金利１％）の例で考えると、１年後に101万円の価値（将来価値）について金利を割引率として使用して現在価値に直すと101÷1.01＝100万円となる。同様に考えると、将来価値が100万円である定期預金の現在価値は、100÷1.01＝99万円となる。冒頭述べたように、１年後に受け取る100万円の価値（現在価値に直すと99万円）よりも、今日持っている100万円の価値の方が大きいことが分かる。

　このように割引率を使用して将来価値を現在の価値に引き直したものは「割引現在価値（Discounted Present Value）」と呼ばれており、現代ポートフォリオ理論において重要な概念の一つである。将来価値、言い換えれば将来受け取るキャッシュフローを割引率で現在の価値に引き直す方法を「割引キャッシュフロー法（Discounted Cash Flow）」という。

　同様に１年物定期預金100万円を２年間預けた場合には、１年後の将来価値は100×1.01であり、２年後の将来価値は100×1.01×1.01＝102.01万円となる。この場合、２年後の将来価値の割引現在価値は、102.01万円÷1.01÷1.01＝102.01÷1.01^2＝100万円でもとめられる。同様に、ｎ年後の100万円の割引現在価値は100万円÷1.01^nで求めることができる。

　ここで、金利と利回りの違いについて確認しておきたい。元本価値が変動しない銀行預金ではなく、元本価値が変動する債券について考えてみる。たとえば、あなたが、10年物（クーポン１％）の国債を100万円購入（投資）し、１年後に利払いを受けた後、104万円で売却した場合を考えてみよう。あなたが１年後に得られる投資収益は、所得収入として利子収入（インカムゲイン）１万円と売却価格（104万円）から購入価格（100万円）を差し引いた売却益（キャピタルゲイン、４万円）を合わせた５万円を受け取る。このように所有期間中に得られた投資収益を当初の投資金額で割ったものを「所有期間利回り」と呼ぶ。この場合、所有期間利回りは、５万円÷100万円＝0.05で５％となる。当該国債の満期が１年後に到来する場合には、国債の（満期価格－購入価格）＝100万円－100万円＝０円なので、売却益はなく、投資収益は利子収入のみとなる。購入時から満期までの投資収益を投資金額で割っ

たものを「最終利回り」と呼ぶ。上記の例では、最終利回りは1万円÷100万円＝0.01で1％となる。一方、所得収入である利子収入を投資金額で割ったものが「金利」であり、上記の例では1％である。

(2)　リターンとリスク

　前節では、将来価値である銀行預金の元本と利息は銀行が倒産しない限り、確実に得られるので不確実性はない。しかし、株式、債券、不動産など世の中にある資産の多くは、その将来価値が不確実である。一般的に不確実性のある資産の将来価値を計算する場合には確率変数の概念を取り入れる必要がある。確率変数とは、発生する可能性のある全ての値にその値が発生する確率が与えられている変数のことである。たとえば、株価や債券価格などは1年後の価格がいくらになるか誰も分からない。したがって、株価や債券価格のリターン（収益率）は通常、確率変数として表現される。

　リターンとは、資産運用（投資）において将来得られる可能性のある収益を投資金額で割って求められる。将来の収益の源泉としては、大きく分けて、利息や配当などの「インカムゲイン」と、売却益や差金決済益などの「キャピタルゲイン」（損失の場合はキャピタルロス）の2つがある。投資においては、この両方を合わせた「トータルリターン」を考えることが重要になる。前節の用語法によれば、利回りはトータルリターンを投資金額で割ることによって求められる。

　ここで若干脇道にそれるが、確率変数について補足的に説明する。確率変数の特徴は、全体を期待値と標準偏差という2つの数値によって大きく把握できることである。確率変数の中心の値を期待値（平均値ともいう）、発生する可能性のある値が中心の値である期待値からどれだけ散らばっているかの程度を示す値が標準偏差と呼ばれている。

　リターンは確率変数であるので、その期待値は期待リターンという。期待リターンは、ある証券またはポートフォリオに投資した時のリターンの平均を意味する。期待リターンは資産に投資する際の意思決定に使われる重要な情報である。たとえば、投資家がある資産に投資した結果その運用から将来得られると期待する平均的なリターンは期待リターンであり、要求リターン

とも呼ばれている。同時に、期待リターンは資産の現在価値を理論的に考える際にも重要な役割を果たす。証券の価格は、将来得られるキャッシュフローの現在価値であり、将来得られるキャッシュフローを確率変数と考えると、現在価値は期待値（平均値）を元に求めることができる。

　リスクとは、資産運用（投資）において、将来のリターン（収益率）に不確実性（変動性）があることをいう。一般に投資の世界におけるリスクは、結果が不確実であることを意味し、損失と利益の両方の可能性を含む。また、その結果（損益）の変動幅が小さければ「リスクが低い」、一方で変動幅が大きければ「リスクが高い」という。したがって、日常使用されるリスクという用語とは異なる。利益の幅が大きい場合も「リスクが高い」と表現されることに注意しよう[1]。通常、ローリスクでハイリターンの投資商品は存在せず、「絶対確実ですごく儲かる」といった投資話は存在しない。

　先ほどの用語法で言えば、リスクとは資産全体のリターンが期待リターンから外れる可能性のことである。確率変数であるリターンが期待値から外れる程度、散らばりの大きさを測る尺度としては通常、標準偏差が用いられる。

　一般に投資の世界では、大きなリターンを期待すれば、リスクもその分大きくなり、逆にリスクを小さくしたければ、リターンもその分小さくなるという「トレードオフ」の関係が成り立っている。これにより、基本的な運用商品の種類は、ハイリスク・ハイリターン型、ミドルリスク・ミドルリターン型、ローリスク・ローリターン型の3つのタイプに分けられることになる。

(3)　金利の期間構造とイールドカーブ

　金利の期間構造とは、債券の最終利回り（以下、利回りという）と満期までの残存期間との間にみられる関係を示すもので、一般にイールドカーブ（利回り曲線）で表される。イールドカーブとは、残存期間が異なる複数の債券等における利回りの変化をグラフにしたものをいう。横軸に残存期間、縦軸に利回りをとり、各債券の残存期間と利回りに対応する点をつないだ曲

---

[1]　期待リターンから下方の場合はダウンサイド・リスク、上方の場合はアップサイド・リスクという。

線を指す。したがって、一つの債券の動きを表すものではなく、同種の債券の中で残存期間の異なる債券が1本の曲線の形で表される。たとえば、利付国債には残存年数ごとに複数の債券が存在するが、それら複数の債券を1本のイールドカーブで表す。

イールドカーブは利回りを規定している主要な要素である金利が期間という軸でどのような分布になっているか、さらには、どのようにその形状が変化するかを端的に示している。金利は景気動向だけでなく直接的に債券投資戦略にも影響する。米国が金利を引上げ、内外金利差が拡大する局面では外国証券の運用を重視する必要があるし、景気回復局面ではインフレに強い株式投資を重視するなど、金利が資産選択の指標となる。さらに、金利動向の変化に債券投資を行う多くの機関投資家が注目しており、将来の景気動向についてどのように予測しているかがイールドカーブの形状やその変化に表れる。

① 順イールド

通常、長期金利は短期金利を上回っており、イールドカーブは右上がりの曲線になる。この状態を順イールドという。これは債権債務関係を思い浮かべれば容易に理解できる。債権者は債務者に対して貸付を行う。たとえば、信用リスクが同一の債務者の場合、1年間貸し付ける場合と5年間貸し付ける場合では、長期である5年の方が1年より金利を高くしたいと考えるのが通常であろう。債券はそもそも債権債務関係を証券化した証券であり、証券化したため売り買いが自由にできる金融商品である。

次に、経済状態が変化する場合について考えてみよう。

② 逆イールド

順イールドの関係はその時々の経済環境や投資家の期待によって変化する。短期金利が長期金利を上回り、イールドカーブが右下がりの曲線となっている状態を逆イールドという。例えば、金融引締めの末期では、先行き金利低下期待が支配的となり、利回り曲線が右下がりになるという現象がみられることがある。

順イールド	曲線は右上がり（短期金利＜長期金利）
逆イールド	曲線は右下がり（短期金利＞長期金利）

（図表２－１）イールドカーブ（順イールドと逆イールド）

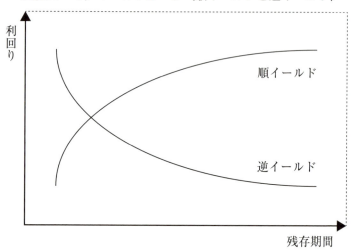

③ イールドカーブのスティープ化

　直近と将来を比較して、今はまだ景気が良いと言えないけれども、徐々に将来の見通しが明るくなっていくような状況では、長期金利が上昇し、短期金利との差が拡大することがある。この場合、長期債券の価格は短期債券と比較して大きく下落する（イールドカーブ上では、長期債券の利回りが短期債券に比較して大きく上昇する）。このような状況をイールドカーブのスティープ化という。したがって、こうした状況では短期債券のウェイトを高めたり、株式投資へシフトしたりする。

(図表２－２）スティープ化

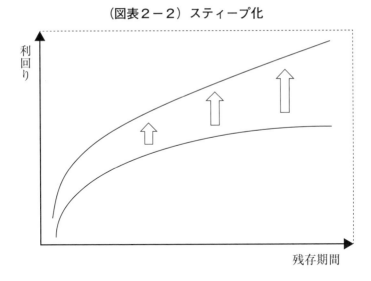

④ イールドカーブのフラット化

一方で、景気が転換期を迎え、金利水準が今後どう変化するかが不透明な場合、長期金利と短期金利の差が小さくなり、カーブが緩くなる傾向がある。このような状況をイールドカーブのフラット化という。

(図表２－３）フラット化

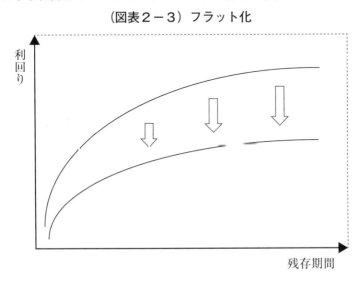

⑤　パラレルシフト

　イールドカーブの傾きが変わらずに、全体が平行に上または下にシフトすることをイールドカーブのパラレルシフトという。

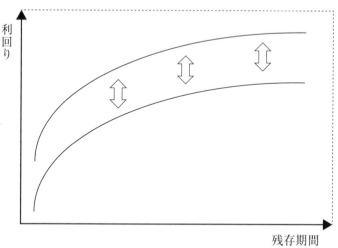

(図表2-4) パラレルシフト

(4)　金利の期間構造の代表的な理論

　金利の期間構造を説明する代表的な理論には、純粋期待仮説、市場分断仮説、流動性プレミアム仮説などがある。

　純粋期待仮説とは、長期金利は将来の短期金利の期待値で決定されるという仮説。この仮説では、資産を長期金利の債券で運用しても、短期金利の債券で繰り返して運用していっても、同じ結果となるように長期の金利が決められ、異なる満期の債券が相互に完全に代替的であるとされている。

　これと対照的なのが市場分断仮説である。この仮説では、短期金利と長期金利は全く別々の市場で、各期間の金利に対する債券の需要と供給で決定され、異なる満期の債券は全く代替的でないとしている。

　第三の仮説は流動性プレミアム仮説である。この仮説では、短期の債券と長期の債券が部分的に代替的であり、投資家は長期の債券に比べて金利の変動が小さいとみられる短期の債券を選好する傾向があることを前提としている。

第2章　資産運用の基礎理論

Column3

日本銀行の長短金利操作
（イールドカーブ・コントロール）

　日本銀行では、景気動向とイールドカーブが密接な関係にあることに着目し、イールドカーブをコントロールすることで金融市場を調節しようとする長短金利操作（イールドカーブ・コントロール）を2016年9月の金融政策決定会合で新たに導入した。長短金利操作は、①短期金利については日本銀行当座預金のうち政策金利の対象となっている残高に▲0.1%のマイナス金利を適用し、②長期金利については、10年物国債金利が概ね現状程度（ゼロ%程度）で推移するよう、長期国債の買入れを行うという2つの要素で構成されている。日本銀行では、2016年2月にマイナス金利を導入した後、国債の買入れと組み合わせることによって、短期金利のみならず長期金利も大きく押し下げることができた経験を踏まえ、マイナス金利と国債買入れを適切に組み合わせることにより、イールドカーブ全般に影響を与える今回の政策を採用した。ただし、イールドカーブに影響を与える際には、貸出金利や社債金利への波及、経済への影響、金融機能への影響など、経済・物価・金融情勢を踏まえて判断することが適当であるとしている。

⑸　分散投資

　分散投資とは、運用手法の一つで、価格変動リスクを低減するために、投資資金を複数の投資対象に分散して運用することをいう。これには、資産分散や銘柄分散、業種分散、地域分散、通貨分散などがあり、また投資する時期をずらす時間分散という考え方もある。一方で、分散投資と対照的な投資手法に集中投資がある。これは一つ（少数）の投資対象や、ある特定の時期に、一度に投資することをいう。

　資産運用において、投資資金を複数の投資対象に分散させると、仮に投資対象の一つが値下がりしても他の投資対象でカバーできる可能性が高いため、

ポートフォリオ[2]全体の値動きを安定させる（リスクを低減する）効果が期待できる。このように投資対象のリターンが同じ方向に振れるわけではないことからポートフォリオを組むとリスクを減らすことができる。リターンが同じ方向に振れやすいどうかは、相関係数（後述）と呼ばれる相関の程度で決まる。リターンをより安定させるという意味で、分散投資は中長期の投資スタイルに向いているといわれる。

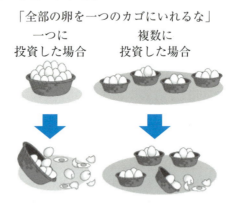

(6) ポートフォリオのリスク

　証券投資におけるリスクとしては、信用リスクや市場リスクがある。市場リスクとは、リターンのばらつき度合いであり、リターンの平均からの乖離の大きさのことである。これを測る尺度としては、一般に分散や標準偏差が用いられる。平均からの散らばり具合（偏差）が大きければ大きいほどリスクが大きいと定義する。しかし、次頁の表を見ればわかるように、偏差を合計してみるとゼロとなり、リスクが大きいものも小さいものもその差が生じない。

---

[2] ポートフォリオ（Portfolio）とは、英語で「紙ばさみ」や「折りかばん」といった意味で、海外では有価証券を紙ばさみに挟んで保管することが多かったことから、資産構成や有価証券一覧などをポートフォリオと呼ぶようになった。金融用語としてのポートフォリオとは、運用資産の構成（組み合わせ）のことを意味する。

以下のように、リターンの平均は同じだが、ばらつき度合いに差がある2つのポートフォリオAとBを考えてみる。

ポートフォリオＡ、Ｂのそれぞれのリターンと平均

（単位：％）

	①	②	③	④	⑤	平均
ポートフォリオＡ	3	1	－ 1	5	2	2
ポートフォリオＢ	－ 10	9	15	－ 8	4	2

　ここで偏差（平均からの乖離）を単純に合計してみればゼロとなり、リスクが大きいものも小さいものもその差が生じない。

　Aの偏差の合計：$(3-2)+(1-2)+(-1-2)+(5-2)+(2-2)=0$

　Bの偏差の合計：$(-10-2)+(9-2)+(15-2)+(-8-2)+(4-2)=0$

　そこで2乗することで偏差の符号をなくし、それらを合計することで分散を求める。分散の平方根をとることで2乗した数値をもとに戻せば標準偏差が得られる。標準偏差はリターンの単位と同じパーセント（％）で表される。

　$2 \times 2 = 2^2$ 　　　　　　　$\sqrt{2^2} = 2^{2 \times 1/2} = 2$

　つまり、リスクの概念はリターンとその平均から生まれ、標準偏差を用いればリターンと同じ単位であるパーセント（％）で表記可能となる。

分散 $- \dfrac{1}{n} \Sigma$（個々のリターン－期待リターン）^{2} 　（nはデータの総数）

標準偏差 $= \sqrt{分散}$

また、将来のリターン[3]のばらつき度合いが正規分布に従うという考え方[4]を前提にすると、将来発生するリターンの範囲を確率的に把握することができる。この場合の将来のリターンは、次のようになる。

①　約68%の確率で、期待リターン±1標準偏差の範囲に収まる

②　約95%の確率で、期待リターン±2標準偏差の範囲に収まる

③　約99.7%の確率で、期待リターン±3標準偏差の範囲に収まる

　たとえば、平均リターンが3%でリスクが2%であるとき、期待リターンは、

①　3%±1×2%であるから1%と5%の範囲に約68%の確率で収まる

②　3%±2×2%であるから−1%から7%の範囲に約95%の確率で収まる

③　3%±3×2%であるから−3%から9%の範囲に約99.7%の確率で収まる

　このように計算が簡単にできて説明しやすい。ただし、大切な前提がある。それは標本数が多いほど、ばらつき度合いは正規分布に従うということだ。株価などのリターンのデータ数、すなわち、標本数がそれなりに多くなければ正規分布にならない。標本数を多くするには、ある程度の期間が必要であることから、短期の標本でこの確率を説明することはできないことに注意が必要である。

---

[3] 実績リターンと期待リターン、実績リスクと期待リスクの違いに注意しなければならない。過去の実績数値の計測から将来の予測である期待リターンを予測することが多い。その場合、過去の経済環境と将来の経済環境は必ずしも同一ではないので、いくつかのシナリオを考えるのが妥当である。つまり、将来の予測数値の場合は生起確率（ある事象が発生すると予想される確率）を乗じることで期待リターンや期待リスクが計算可能となる。

[4] 正規分布に従うためにはそれなりのデータ数が必要となる。ある証券のリターンの実績データをどのくらい集めれば正規分布に近似したヒストグラムとなるかを体験するとよい。このことから将来発生する収益率の範囲を確率的に把握するには短期のデータではなく長期のデータが適することがわかる。

（図表2−5）正規分布によるリターンのばらつき

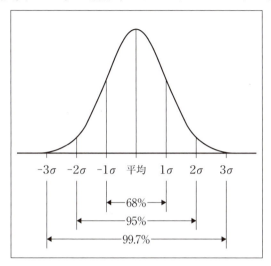

（図表2−6）株式投資のリターンの度数分布の例

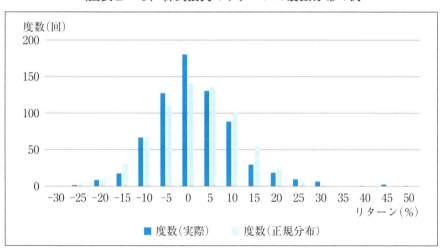

(7) ポートフォリオ効果

　ここで、期待リターンが異なる2つの証券AとB、および証券AとBを7：3の比率で持つポートフォリオについて考えてみる。

状況 （生起確率）	証券Aの 予想リターン	証券Bの 予想リターン	7：3のポートフォリオの 予想リターン
好況（0.3）	15％	▲5％	9％
普通（0.5）	8％	4％	6.8％
不況（0.2）	▲10％	10％	▲4％

この場合、

証券Aの期待リターン：$15\% \times 0.3 + 8\% \times 0.5 - 10\% \times 0.2 = 6.5\%$

証券Bの期待リターン：$-5\% \times 0.3 + 4\% \times 0.5 + 10\% \times 0.2 = 2.5\%$

7：3のポートフォリオの期待リターン：$6.5\% \times 0.7 + 2.5\% \times 0.3 = 5.3\%$

となり、

証券Aの標準偏差：

$$\sqrt{(15\% - 6.5\%)^2 \times 0.3 + (8\% - 6.5\%)^2 \times 0.5 + (-10\% - 6.5\%)^2 \times 0.2} = 8.79\%$$

証券Bの標準偏差：

$$\sqrt{(-5\% - 2.5\%)^2 \times 0.3 + (4\% - 2.5\%)^2 \times 0.5 + (10\% - 2.5\%)^2 \times 0.2} = 5.41\%$$

証券Aの標準偏差と証券Bの標準偏差の加重平均：

$8.79\% \times 0.7 + 5.41\% \times 0.3 = 7.78\% \cdots$①

7：3のポートフォリオの標準偏差：

$$\sqrt{(9\% - 5.3\%)^2 \times 0.3 + (6.8\% - 5.3\%)^2 \times 0.5 + (-4\% - 5.3\%)^2 \times 0.2} = 4.75\%$$
$\cdots$②

となる。

　①＞②のように、ポートフォリオのリスクは、各証券のリスクの加重平均値以下となる。このようなリスクの低減効果をポートフォリオ効果という。

① 共分散

　2資産間の相互関係を測るための確率的なリスク概念としては、共分散がある。これは、2つの確率変数の平均からの差の積の期待値であり、2つの確率変数の間のリターンの関連性を示す。

　先ほどの例ではポートフォリオの期待リターンは加重平均で計算可能で

あった。しかしリスクは加重平均で計算できない。2つの証券の値動き、つまり、共分散を考慮する必要がある。

例えば、A証券の期待リターンをa％、B証券の期待リターンをb％とする。証券AとBのウェイトをそれぞれ0.3と0.7とすれば、ポートフォリオの期待リターンは0.3a+0.7bである。一方、ポートフォリオのリスクは$\sqrt{0.3a^2}+\sqrt{0.7a^2}$ではなく、$\sqrt{(0.3a+0.7b)^2}$である。

つまり、$\sqrt{(0.3^2a^2+0.7^2b^2+2\times0.3\times0.7\times a\times b)}$であり、この中で$2\times0.3\times0.7\times a\times b$にあたる部分が共分散である。

共分散は証券AとBの符号が＋と－、－と＋のように異なれば－となる。－と－、＋と＋のように同じであれば＋となる。ポートフォリオ効果が大きいのは－の場合である。共分散は2つの証券の値動きの関係を表し、その値動きの違いからポートフォリオ効果が生まれる。

ただし、共分散は値動きの単位が違うものはそのままでは比較できない。例えば、株式と債券では値動きの単位が異なる。この単位による影響を排除して値動きの関係だけにするには相関係数を利用する。

② 相関係数

相関係数は、共分散を2つの確率変数の標準偏差で除することによって共分散を標準化して関係の強さだけを表すようにしたものである。相関係数は－1～＋1までの数値の範囲内で表すことができる。

$$共分散＝\frac{1}{n}\Sigma\{(証券Aのリターン－証券Aの期待リターン)\times(証券Bのリターン－証券Bの期待リターン)\}$$

$$相関係数＝\frac{証券AとBの共分散}{証券Aの標準偏差\times証券Bの標準偏差}$$

期待リターンが同じ2つの証券AとBについて考えてみる。この2つの証券の価格変動には、以下の3つのケースが考えられる。

〈ケース1〉	証券Aが値上がりするときは、証券Bも値上がりする
〈ケース2〉	証券Aが値上がりするときは、証券Bは値下がりする
〈ケース3〉	証券Aが値上がりしても、証券Bの価格は変わらない

この証券Aと証券Bの関係を相関関係と呼ぶ。

〈ケース1〉は証券Aと証券Bは順相関で相関係数rはプラス（0＜r＜＋1）、

〈ケース2〉は逆相関で相関係数rはマイナス（－1＜r＜0）、

〈ケース3〉は無相関で相関係数rは0（ゼロ）となる。

　証券Aと証券Bに同時に投資した場合、〈ケース1〉では価格は同方向に動くので、値上がりする局面では全体が大きく上昇するが、値下がりする局面では全体が大きく下落する。一方、〈ケース2〉では価格が逆方向に動くので、値上がりと値下がりが打ち消され、全体としてリスクは小さくなる。〈ケース3〉ではその中間の値動きとなる。

2 現代ポートフォリオ理論（Modern Portfolio Theory）

　現代ポートフォリオ理論は、ハリー・マルコビッツ（Harry Markowitz）の1952年の論文"Portfolio Selection"を端緒として発展してきた。マルコビッツは、投資家がポートフォリオを構築する際にはリターンだけでなくリスクにも注意を払うべきであると考え、分散投資の重要性を指摘した。更に、マルコビッツの弟子であったウィリアム・シャープ（William Sharpe）は、資本資産評価モデル（Capital Asset Pricing Model、略称CAPM）という形でマルコビッツのポートフォリオに関する理論を一般的な市場理論へと発展させた。マルコビッツとシャープは、投資理論への貢献を認められて1990年にノーベル経済学賞を共同受賞した。

(1)　無差別曲線と投資家の選好類型

　現代ポートフォリオ理論は運用資産への最適な投資比率を決める理論で、全ての投資家は合理的でリスク回避的であるということが前提とされている。つまり、期待リターンが同じであれば、できるだけ期待リターンと実現リターンの乖離、すなわちリスク（標準偏差）が小さい方が良いと考える。金融商品の組合せは無数にあるが、そうした組み合わせ、つまりポートフォリオの良し悪しは、期待リターンが等しいならリスクの小さい方、リスクが同じなら期待リターンの大きい方が、良いと判断される。

　なお、投資家にとって同程度に望ましい期待リターンとリスクを持つ（効用が等しい）組合せの集合を表す曲線を無差別曲線という。

リスク回避型投資家	同じリターンならリスクの小さい方を、同じリスクならリターンの大きい方を選好する（現代ポートフォリオ理論の前提）
リスク中立型投資家	リスクの大小には無関心で、リターンの大きい方を選好する
リスク愛好型投資家	同じリターンならリスクの大きい方を選好する

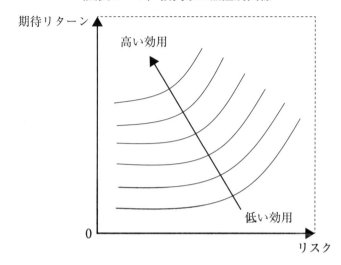

（図表2-7）投資家の無差別曲線

　（**図表2-7**）はリスク回避型投資家の無差別曲線で、横軸がリスク、縦軸が期待リターンである。リスクは標準偏差である。リスクの度合いの変化に応じて同じ効用をえられる期待リターンを結んだ線、つまり、効用に対して無差別であることを示す。よって、リスク回避型投資家の無差別曲線は直線ではなく曲線（横軸の右の方に行くほど傾きが大きくなる）となる。その理由としてリスクが小さい時よりもリスクが大きい時のほうがより多くの期待リターンを望むからである。

　顧客に対してリスク回避型かどうかを確認することは重要である。もし、リスク愛好型であればリスクが大きいほうを選考することになるのでポートフォリオ効果などを説明しても話がかみ合わない。期待リターンが同じでも少しでも大きなチャンスがあるリスクが大きいものを好む傾向にあるからである。

(2)　効率的フロンティア

　多数のリスク資産について、あらゆる組み合わせのポートフォリオを作って、リスク（標準偏差）を横軸、期待リターンを縦軸にとって各ポートフォリオをプロットしたとする。投資家は同じリスクであれば、より高いリター

ンを期待できるポートフォリオを好む。つまり、許容できるリスクに対して、最大の期待リターンが上げられるポートフォリオを保有することになる。このポートフォリオが描く曲線が（図表2-8）の効率的フロンティアであり、その曲線上の一群のポートフォリオを効率的ポートフォリオという。

　2つの証券を組み合わせてポートフォリオを形成すると、2つの証券の期待リターンはそれぞれの期待リターンの加重平均値となるが、リスク（標準偏差）は2つの証券の加重平均値よりも小さくなる（リスク低減効果）。つまり、AとBの組み合わせはリスク低減効果によりAとBを結ぶ直線からリスクゼロまで、そして、その途中では弓を描くことになる。このリスク低減効果の大きさは相関係数によって数値化できる。相関係数が1のとき、証券Aと証券Bを結んだ直線となる。相関係数が－1のとき、証券AとCと証券Bを結んだ直線となる。その間は弓を描くのである。この考え方を利用し、複数の証券をポートフォリオに組み込んだ場合に得られるリスクと期待リターンの分布のうち、リスク回避型投資家が望むポートフォリオの組み合わせで効率的なのはこの効率的フロンティア上にある組み合わせであり、効率的ポートフォリオという。なぜなら、この弓にはD点とE点があるが、どちらも同じリスクなのに期待リターンはE点の方が大きい。同一リスクのときには期待リターンが大きいほうを望むのはリスク回避的投資家であるからだ。したがって点線上にあるポートフォリオは選択されない。

（図表2-8）効率的フロンティア

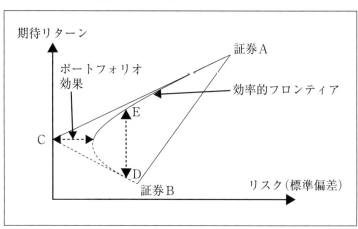

さきほど説明したリスク回避的投資家の無差別曲線と効率的ポートフォリオとの接点ポートフォリオが、リスク回避的投資家の最適ポートフォリオとして理論上決定することになる。

　しかし、実際は個人個人によって、さらには、それぞれのライフステージによって変化する無差別曲線を考慮して最適なポートフォリオを決定することは難しく、さらに、多くの投資家は余剰資金（待機資金）をもつ。

　そこで、預貯金のように、リスクのない無リスク資産（安全資産）が存在するとして考えてみる[5]。（図表２－９）の縦軸のrfがその利子率だとすると、無リスク資産とリスク資産を組み合わせた場合の効率的フロンティアは、無リスク資産から効率的フロンティアへ引いた接線になり、この接点を接点ポートフォリオと呼ぶ。つまり、リスクを全く取れない投資家は、全ての資産を無リスク資産で保有し、リスクを取れる投資家は、σmのリスクを許容して期待リターンE（rm）を求めることになる。

（図表２－９）効率的フロンティアと接点ポートフォリオ

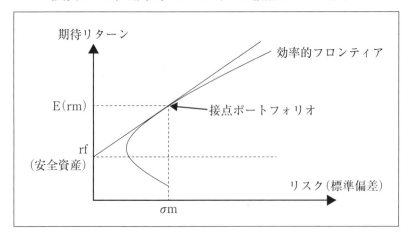

---

[5] 国債は信用リスクも価格変動リスクもある金融商品である。多くの解説書には国債をリスクフリーとする表記がある。信用リスクのない新規国債を購入し償還まで保有すればリスクフリーである。しかし、ポートフォリオ構築で国債は変動価格商品として取り扱われているので、あえてここでは預貯金を無リスク資産とした。無リスク資産は預金保険機構の対象金融商品の集合であると理解してほしい。

(3) 分離定理

投資対象に安全資産が含まれる場合のリスク回避的投資家の投資プロセスを考えてみると、以下のようになる。

① リスク資産から最も効率的なポートフォリオを決定する。

② このリスク資産の効率的ポートフォリオと安全資産への投資比率を決定する。

リスク資産における効率的なポートフォリオは接点ポートフォリオだけであるので、リスク資産の構成比率は、投資家の選好に関わらず一意的に決まる。つまり、投資家の効用や選好はリスク資産の構成比率とは無関係であり、投資家はリスク資産と安全資産への投資比率に関してのみ選好に応じて決定する。これをトービン（James Tobin、1981年ノーベル経済学賞受賞）の分離定理という。

(4) 資本資産評価モデル（CAPM）

これまで個々の最適ポートフォリオを考えてきたが、これを市場全体に拡張して考えたものを資本資産評価モデル（CAPM）という。

CAPMは、市場にある全ての証券のリスクと期待リターンが公表されることによって、全ての投資家が、各証券の将来価格について同一の予想をすることができる（市場の需給が完全に均衡している）状況において、リスク資産の期待リターンと価格がどう形成されるのかを理論化したものである。

無リスク資産（安全資産）を含むポートフォリオにおける効率的フロンティアは、無リスク資産からリスク資産の効率的フロンティアに向かって引かれた接線であり、この接点におけるリスク資産のポートフォリオは、接点ポートフォリオと呼ばれた。ここで、リスク資産を証券市場に存在する全ての証券から構成されるものとすると、無リスク資産からリスク資産に向かって引かれた接線は、資本市場線（CML：Capital Market Line）と呼ばれ、接点は市場ポートフォリオと呼ばれる（**図表2－10**）。

全ての投資家がポートフォリオ理論に従って行動し、また証券市場における価格形成が正しくなされているとすると、市場ポートフォリオにおけるリスク資産の構成比率は、証券市場に存在する全ての証券を時価総額の比率で

含んだもの（インデックスファンド）となる。

（図表2-10）CML（資本市場線）と市場ポートフォリオ

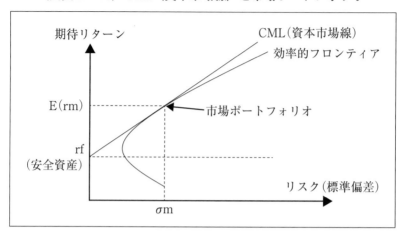

CAPMは以下の式で表されるが、これは、個々の資産のリスクプレミアムが市場全体のリスクプレミアム（市場ポートフォリオのリターンから無リスク資産のリターンを差し引いたもの）をβ倍したものであることを意味している。すなわち、βは個別資産の市場ポートフォリオに対する反応の大きさ（感応度）を表す。

CAPM（資本資産評価モデル）

CAPMによって計算された個別資産の期待リターン
＝無リスク資産のリターン＋（市場ポートフォリオのリターン
　－無リスク資産のリターン）× β

$$\beta = \frac{（市場ポートフォリオと個別資産の共分散）}{（市場ポートフォリオの分散）}$$

この式はポートフォリオや個別の株式の期待リターンを推計するのにも役立つ。たとえば、β値がわかれば個別株式の期待リターンが容易に計算できるからだ。このβ値を利用することによって、株主資本の期待リターンが分かり、株主が要求するリターンを計算することが可能となる。株主が要求す

るリターンとは株主資本の資本コストに他ならない。ここで得られた株主資本の資本コストと負債の資本コストを加重平均することで、経営者が達成しなければならない総資産収益率（ROA）の目標値が設定できる[6]。このようにCAPMは証券投資のリスクの大きさを測る尺度としてのβの概念を生み出し、「β革命」と言われるほど革新的であった。

（図表２－11）資本コストの概念図

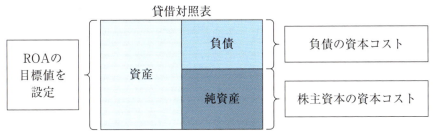

(5) 市場リスクと固有リスク

ここでCAPMに使われているβの意味について考えるために、マーケット・モデルを利用することにする。CAPMはマーケット・モデルを前提にするものではないが、ここでは説明の便宜のためにマーケット・モデルを使う。

マーケット・モデルは、確率変数である株式のリターンを2つの要因、すなわち市場リスク（システマティック・リスク）と固有リスク（非市場要因、アンシステマティック・リスク）とに分解して説明するモデルである。マーケット・モデルは次のような式で表される。βiは株式（ｉ）の市場ポートフォリオのリターンに対する感応度である。

> 株式（ｉ）の期待リターン＝定数＋βi×市場ポートフォリオのリターン
> 　　　　　　　　　　　＋株式（ｉ）の固有リスク

---

[6] 加重平均資本コスト（WACC、本テキストp.127参照）はM&Aでの企業価値の算出のための割引率で利用されたり、設備投資等の意思決定の判断基準に活用されたりしている重要な概念である。

ここで、市場ポートフォリオのリターンと株式（ⅰ）の固有リスクは確率変数であり、固有リスクの期待値はゼロ、市場ポートフォリオのリスクと固有リスクの相関係数もゼロである。株式（ⅰ）のリターンに影響を与えるリスク要因のうち、市場リスクである（β_i×市場ポートフォリオのリターン）は、景気見通し、為替相場や金利など全ての企業の将来共通に影響を与える要因を要約したもので、これらの要因は市場ポートフォリオのリターンに影響を与える。一方、固有リスクの要因は、その企業に固有の要因であり、例をあげると、予想もしないヒット商品が生まれたとか、工場が火災で焼けたとか、能力の高い経営者が事故に遭ったなどである。

　多くの証券に投資をする場合、そのポートフォリオのリターンの２つの源泉である市場リスクと固有リスクのうち固有リスク要因からの影響は極めて小さいものになる。それは、分散投資の結果、個々の証券に対する投資比率が小さくなり影響も小さくなることに加えて、各証券の固有リスク要因が互いに相殺する効果もあるからである。しかし市場リスクの要因が相殺されることはないし、β_iがゼロでない限り市場リスクが消えることはない。このことから、「分散投資はリスクを減らすが、減らすことができるリスクは、固有リスクだけであって、市場リスクは消すことができない」という結論になる。

(図表２－12) 市場リスクと固有リスク

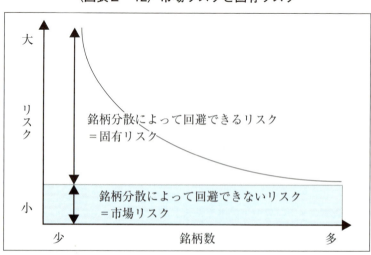

市場リスクを測る指標であるβについてみると、βが1であれば、市場平均と同じ値動きをすることを示し、1より大きければ市場平均より値動きが大きく、逆に1より小さければ市場平均より値動きが小さいことを示す。たとえば、株式市場において、ある銘柄のβが1.5ということは、市場全体が10%上昇するとその銘柄は15%上昇し、逆に市場全体が10%下落するとその銘柄は15%下落することを意味する。

$\beta > 1$	市場全体が上昇（下落）すると、それ以上の割合で上昇（下落）する
$\beta < 1$	市場全体が上昇（下落）すると、それ以下の割合で上昇（下落）する

(6) CAPMに対する批判

CAPMは、以下のような仮定の上に成り立っている。

・投資家は、無リスク資産の利子率で自由に貸借ができる。

・税金も取引コストも存在しない。

・すべての投資家の投資期間が同じである。

・すべての投資家が資産のリターンについて同一の期待を持っている。

これらの仮定は、現実には満たされていないという批判がある。さらに、その後、実証研究によるさまざまな批判が生じた。後述するアノマリー（非効率性）の存在や期待リターンをβという一つのファクターで説明していることへの批判などである[7]。CAPMは前提条件付きの理論であることに留意しなければならない。

このような批判をふまえて実務家の間ではさまざまな投資哲学に基づいた研究が続いている。その一つにスティーブン・ロス（Stephen Ross）が1976年に発表した裁定価格理論（Arbitrage Pricing Theory、略称APT）がある。これは証券のリターンに影響を与える要因を複数取り上げ、帰納法的

---

[7] 1992年ファーマらによる研究によれば、個別証券の収益率は時価総額とPBRの2つの変数でほぼ説明が可能であり、βは必要ないというもの。Fama, Eugene F. and Kenneth R. French, "The Cross-Section of Expected Stock Returns." The Journal of Finance, Vol.47, No.2, June 1992, pp.427~465

にモデル化しようという試みでマルチファクターモデルと呼ばれている。

APTは、CAPMに比べると緩い以下の3つの仮定の上に成り立っている。

・市場は完全競争的である。

・投資家は、よりリターンの高い資産を選好する。

・リターンは、複数の価格決定ファクターによって説明できる。

CAPMの前提条件でもある市場をどのようにとらえるかについては、さまざまな考え方がある。この考え方の違いから資産運用会社の投資哲学[8]や運用手法の違いが生まれている場合が多い。

---

[8] 資産運用会社の投資哲学については日本投資顧問業協会のホームページにある投資運用会社要覧で確認できる。

3 ポートフォリオのパフォーマンス評価指標

　個別証券やファンドのパフォーマンス評価には、さまざまな手法があるが、ここでは、その代表的な評価方法を紹介する。いずれも、リスク調整後のパフォーマンス評価の方法である。運用者がリスクをどのようにして調整してリスクに見合った成果を上げることができたかを測るための方法である。

　一つは、ポートフォリオのリターンと選択されたベンチマークのリターンの差（超過リターン）を求め、それをリスク1単位当たりに換算する評価方法である。こうした評価方法に使われる数値としては、シャープ・レシオ、インフォメーション・レシオ、トレイナー・レシオ（トレイナー測度とも呼ばれる）などがある。もう一つは、期待されるリターンと理論的に導かれる期待リターンとの差によって評価する方法である。この場合、理論としてCAPMを使用する方法は、ジェンセンのアルファ（α）と呼ばれている。

(1) シャープ・レシオ

　シャープ・レシオは、米国の経済学者でCAPM（資本資産価格モデル）の創始者であるウィリアム・シャープ（William Sharpe）が考案した、投資の効率性を測る指標をいう。投資において、リスクを取って運用した結果、安全資産から得られる収益をどの程度上回ったのかを比較できるようにしたもので、通常、この数値が大きい程、リスク当りのリターンが大きいことを意味する。

　シャープ・レシオは、単純にリターンを比較するのではなく、その裏にあるリスクとの兼ね合いで運用成果を判断しようとするものであり、ファンドの運用成績を比較する際に広く用いられる。

　具体的には、ファンドのリターンから無リスク資産のリターンを除いた超過リターンを、リスク（標準偏差）で割ることで、単位リスクに対する超過リターンの大きさが示される。効率性の指標であるシャープ・レシオには、相関関係に関する情報は織り込まれていないので、類似する資産クラスやスタイルで利用される場合が一般的である。

> シャープ・レシオ
> ＝（ファンドのリターン－無リスク資産リターン）÷ファンドの標準偏差

例えば、同一のグループに属する「ファンドA」と「ファンドB」、そして「無リスク資産」のリターン（平均値）とリスク（標準偏差）が、次のとおりであったとする。

	リターン（平均値）	リスク（標準偏差）
ファンドA	9％	25％
ファンドB	7％	10％
無リスク資産	2％	0％

この場合、

・ファンドAのシャープ・レシオは（9％－2％）÷25％＝0.28

・ファンドBのシャープ・レシオは（7％－2％）÷10％＝0.50

となり、ファンドBは、ファンドAよりリターンは低いものの、シャープ・レシオからは高く評価される。

⑵　トレイナー・レシオ（トレイナー測度）

　トレイナー・レシオとは、ファンドの超過リターンを、ファンドのリスクを示すβ値で割ることで、単位リスク当たりのリターンを測定しようとするものである。

トレイナー・レシオ

＝（ファンドのリターン－無リスク資産リターン）÷β

　トレイナー・レシオは、ジャック・トレイナー（Jack Treynor）が、現代ポートフォリオ理論の考え方をポートフォリオのパフォーマンス評価に応用したもの。ポートフォリオのとったリスクに対し、リターンがどれだけあったかを示す。トレイナー・レシオの数値が大きいほど、そのポートフォリオは効率的に収益をあげたといえる。

⑶　インフォメーション・レシオ

　インフォメーション・レシオとは、投資信託や年金資金などのファンドの運用成績を測るための指標の一つで、アクティブ運用の効率性を示す数値で

ある。これは、リスクを加味した超過リターンの尺度で、ファンドのベンチマークに対する超過リターンの平均値をアクティブ・リターンの標準偏差で割って求める。アクティブ・リターンとは、ファンドのベンチマークに対する超過リターンのことで、その標準偏差はアクティブ・リスクまたはトラッキング・エラーという。

インフォメーション・レシオ
＝（ファンドのリターン－ベンチマークのリターン）÷トラッキング・エラー

　一般にインフォメーション・レシオは、アクティブ・ファンドなど、リスクをとってより高いリターンを目指す運用において、実際にとったリスクに見合った超過リターンが得られたかどうかを検証する際に用いられる。具体的には、数値が大きいほど良く、「1以上が例外的に良い」「0.75が極めて良い」「0.5が良い」と評価され、通常、0.5を上回れば、標準以上の運用能力があると言われる。

(4)　ジェンセンのアルファ（α）

　α値とは、特定の証券に対する投資家の期待リターンと、CAPM（資本資産価格モデル）によって計算された期待リターンとの差のことを指し、市場で形成される証券価格の歪みを表す尺度として利用される。最初にα値に対して統計的検証を行ったマイケル・ジェンセン（Michael Jensen）の名を冠してジェンセンのアルファ（α）と呼ばれる。つまり、α値は、ある証券に投資を行う場合に、ベンチマークを上回るリターン（超過リターン）を得るための源泉のうち、その銘柄固有の特性に基づく部分（固有リスク要因）である。これに対して、超過リターンを得るための源泉のうち、市場全体の変動に基づく部分（市場リスク要因）はベータ（β）[9]値と呼ばれている。

　この考え方は、個別証券の評価だけでなく、ファンドのポートフォリオのパフォーマンス評価にも使われる。この場合のα値は、ファンドのリターンから市場全体の動き（ベンチマーク）に連動したリターンを表すβ値を差し

---

[9]　ここでのβは、ある銘柄の市場全体の変動に対する感応度を表す。

引いたもので、α値が高いほど、ベンチマークのリターンを上回り、それだけリターンが高かったことを意味する。つまり、α値は、ファンドの運用者の判断によって得られたリターンを表し、運用者の運用能力を図る指標とも言える。

ジェンセンのα＝ファンドのリターン−CAPMによるリターン
CAPMによるリターン
＝無リスク資産のリターン＋（市場のリターン−無リスク資産のリターン）×β

たとえば、先程の例で、ベンチマークが次のとおりであったとする。

	リターン（平均値）	リスク（標準偏差）
ファンドA	9 ％	25％
ファンドB	7 ％	10％
無リスク資産	2 ％	0 ％
ベンチマーク	8 ％	20％

この場合、**（図表 2 − 13）**のジェンセンのαにおけるリスクとリターンの関係を表すグラフ上の無リスク資産のリスク・リターン（ 0 ％、 2 ％）とベンチマークのリスク・リターン（20％、 8 ％）を結ぶ直線は、以下の式で表される。

（リターン）＝（無リスク資産のリターン）＋ a ×（ベンチマークのリスク）

これを a について解くと、 a ＝（ 8 ％− 2 ％）÷20％＝0.3となり、リスクが与えられた時のベンチマークと同等のリターンは、以下の式で表される。

（リターン）＝ 2 ％＋0.3×（リスク）

すなわち、

ファンドAのジェンセンのαは 9 ％−（ 2 ％＋0.3×25％）＝▲0.5％

ファンドBのジェンセンのαは 7 ％−（ 2 ％＋0.3×10％）＝2.0％

となり、ファンドBの方がファンドAよりもジェンセンのαの値が大きいことから、ファンドBの方が高く評価される。

(図表2−13) ジェンセンのα

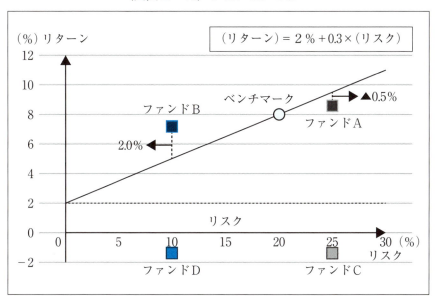

次に、ファンドのリターンが無リスク資産のリターンよりも低くなったケースについてみてみる。

	リターン（平均値）	リスク（標準偏差）
ファンドC	▲1%	25%
ファンドD	▲1%	10%
無リスク資産	2%	0%
ベンチマーク	8%	20%

この場合のシャープ・レシオをみると、

ファンドCのシャープ・レシオは（−1%−2%）÷25%＝▲0.12

ファンドDのシャープ・レシオは（−1%−2%）÷10%＝▲0.30

となり、同じリターンにもかかわらず、リスクを多くとったファンドAの値の方が大きくなり、ファンドCの方が高い評価になってしまう（ただし、リスクを多くとったにもかかわらず、リスクの少ないファンドDと、リターン（下落率）が同じであったので高く評価されていると考えることもできる）。

次に、ジェンセンのaをみると、

ファンドCのジェンセンのaは $-1\% - (2\% + 0.3 \times 25\%) = ▲10.5\%$

ファンドDのジェンセンのaは $-1\% - (2\% + 0.3 \times 10\%) = ▲6.0\%$

となり、ジェンセンのaで評価すると、シャープ・レシオとは異なり、ファンドDの方が高く評価されることになる。

このように、リスク指標の取り方で、パフォーマンス評価は異なる結果となることがあるので、注意が必要である。

4 市場の効率性

(1) 効率的市場仮説と３フォーム

効率的市場仮説とは、市場は情報面で常に完全に効率的であるとする仮説をいう。ここで言う情報面で効率的であるとは、金融市場における金融商品の価格がその商品の価値を決める情報を反映しているという意味である。効率的市場仮説に従えば、証券取引は常に公正な価格で取り引きされていて、投資家が証券を安く買うことも高く売ることもできないということになる。その結果、証券の選別や投資のタイミングから市場平均以上のパフォーマンスを得るのは不可能になる。これは、パッシブ運用の根拠となっている考え方である。

市場を効率的とみなすための主な仮説
・常に多数の投資家が収益の安全性を分析・評価している
・新しいニュースは常に他のニュースと独立してランダムに市場に届く
・証券価格は新しいニュースによって即座に調整される
・証券価格は常に全ての情報を反映している

効率的市場仮説には「ウィーク・フォーム」・「セミストロング・フォーム」・「ストロング・フォーム」という３つのフォーム（型）がある。ウィーク・フォームは、株式や債券、不動産等の価格の価格情報は全て反映されているとするもの。セミストロング・フォームは、過去の価格情報に加えて、利用可能なすべての公開情報が瞬時に価格に反映されるとするもの。ストロング・フォームは、これらに加えて、インサイダー情報を含めたすべての公開・非公開情報が瞬時に価格に反映されるとするものである。

（図表２−14）効率的市場仮説の３フォーム

効率性のレベル	反映される情報	事例
ウィーク・フォーム	過去の価格情報	チャート
セミストロング・フォーム	利用可能なすべての公開情報	業績予想
ストロング・フォーム	利用可能なすべての公開・非公開情報	インサイダー情報

(2) ランダム・ウォーク理論

　ランダム・ウォーク理論とは、金融商品の値動きには規則性が無く、過去の値動きとは一切関係ないとする考え方をいう。証券価格の予測は不可能であるとする効率的市場仮説を前提にしており、証券価格の値動きは、どの時点においても、上昇と下降の可能性がほぼ同じであり、独立した事象であることから、過去のトレンドやデータによって将来の値動きを予測することは不可能であると考える。

　数学的に厳密なランダム・ウォークであれば長期的にも上昇と下降の可能性は同じになり、証券投資は値上がり益が期待できないことになるが、一般に、株式投資におけるランダム・ウォーク理論は、長期的には株価は上昇する可能性が高いことを前提としており、インデックスファンド投資への理論武装として話されることが多い。

「ランダム・ウォーク理論」

　一方で、現実には長年にわたってインデックスに勝ち続けている投資家も存在することから、長期にわたって勝ったり負けたりすることは投資家のスキルによるものであり、運によるものでは無いという考え方をもとに、ランダム・ウォーク理論に対して否定的な見解もある。

(3) 行動ファイナンスとアノマリー

　現代ポートフォリオ理論などの伝統的な経済学においては、「人はみな合理的な選択をする」という基本的な考え方を前提としているが、行動ファイナンス理論では、「人は必ずしも合理的な選択をするとは限らない」という

考え方を出発点とする。人は投資判断をする際、常に合理的な選択をしているわけではなく、そこには心理的または感情的な要素が働く。それが市場や価格形成にどのような影響を及ぼしているかを研究する学問を行動ファイナンスという。

　たとえば、損が出ているときに株式をなかなか売らず、株価が回復してから売ろうと思い込んでしまうような行動である。その他にも市場では、既存の投資理論では説明のつかない価格形成や、経済合理性だけでは説明できない動きがよくある。こういった通常の法則や理論から見て例外となる、または説明できない事象のことをアノマリーという。

アノマリーの例
・ミーン・リバーサル（平均値回帰。上がったものはさがる、下がったものは上がる） ・低PER、低PBR効果（PERやPBRの低い株式は上がりやすい） ・節分天井、彼岸底（日本株は節分に天井をつけ、彼岸に底をつける） ・小型株効果（小型株の方が株価の上昇率が大きい） ・選挙、解散は買い（衆議院の解散、総選挙があると株価は上昇する）

第3章　資産運用の実際

【本章のねらい】

　本章では資産運用における投資政策書の意義を学び、運用の選択にあたって市場の効率性がどのように関係しているかを学ぶ。実際のポートフォリオ構築にあたっては、投資信託を組み合わせて運用する場合が多いことが想定されるので、投資信託については詳細に解説した。他の運用方法である投資一任契約や投資助言契約による方法との違いを学びながら理解を深めてほしい。

　プライベートバンカーは単なる運用の専門家ではない。資産の運用によるリターンの獲得によりインフレから資産価値を守り、ファミリーの永続的な繁栄を維持することが目的である。そのために、顧客の運用スタンスを知り、運用方法を選択し、基本ポートフォリオの構築やモニタリング方法について顧客との合意を得ておくことが必要となる。このプロセスを通じて顧客に資産運用の考え方を理解してもらい、目的を共有することが重要である。

■1 投資政策書と運用

(1) 資産とファミリーミッション

　投資政策書[1]の役割やその必要性はテキスト「プライベートバンキング上巻」に詳しい。本章では運用との関係において実際に顧客とのかかわりの中で抑えておきたいポイントについて解説する。

　有価証券投資を前提とした政策アセット・ミックス、つまり、基本ポート

---

[1] 投資政策書とは、投資の意思決定がなされる過程を体系的かつ明確に記述することによって、投資の意思決定が、顧客が達成しようとしているファイナンシャルゴールに沿ったものであるかを確認し、関係者間のコミュニケーションを行うためのツール。プライベートバンキング上巻「第2章　WM（ウェルスマネジメント）■2(1)①投資政策書とは」参照。

フォリオの構築については後述するが、実際のプライベートバンカーは、顧客の金融資産だけでなく実物資産である不動産についても把握しておく必要がある。財的資産全体をファミリーミッション達成のためにどのように活用するか解決策を提案する必要がある。

　さらに、事業に目を向ければ家族だけでなく、後継者、さらには雇用者を含めた人的資産をどのように活用すればよいか、事業や商品の成長サイクルを考慮すれば新規開発や撤退すべき事業や商品があるかもしれない。財的資産、人的資産のいずれもキャッシュフローに影響するという観点から配慮すべきである。資産運用ではこれらの要因がキャッシュフローの制約となる。ファミリーミッションを達成して余生は個人的な趣味や社会貢献に身を投じることがゴールである場合がある。その実現のための時期、必要なキャッシュフローを含めた広い意味でのリスク許容度を基本ポートフォリオに反映させる必要がある。さらに、ゴールも変化することで数年後には基本ポートフォリオの変更として、新たな投資政策書を作成し、顧客との合意を得るプロセスも必要となろう。プライベートバンカーは、顧客、家族、一族の人生にかかわる職業である。

(2)　投資政策書と運用

　投資政策書は、顧客とのコミュニケーションの結果をまとめたものであり、顧客との合意事項である。したがって、提案の段階と合意を得た段階での投資政策書は、明確に判別できるようにしなければならない。本来、運用はリスクをともなうものであり、損失が生じた場合は、顧客からの訴訟リスクもある。したがって、どのようにアドバイスし、その結果、顧客と何を合意したか、プロセス管理が大切である。特に、プライベートバンカーが金融商品取引法など法令に基づく許認可を受けているかどうか、つまり、法的な制約の中でどこまで踏み込んだアドバイスを行えるかの検討も必要となる。状況に応じて投資助言業者や投資一任業者を紹介したりすることも考慮する必要がある。この場合でも紹介責任があると考え、投資政策書に記載されている目標設定や資産配分方針どおりの運用が行われているか第三者の目でモニタリングすることを忘れてはならない。

59

（図表3－1） 投資政策書の役割

目標の設定	明確で定義可能な期待収益率の設定、期待収益率とリスク（標準偏差）の分析、投資のガイドラインの設定を行う。
資産配分方針の決定	分散投資を実現し、顧客のファイナンシャルゴール、リスク許容度に即した資産配分を実現するための資産配分方針を決定するとともに、投資適合性診断結果に基づき、投資対象とする資産クラス、投資対象から除外する資産クラスを確定する。
運用管理手続きの確立	運用する資産クラス、金融商品の選択、インデックス対比での運用成績の評価等の運用管理手続きを確立する。
コミュニケーション手続きの確立	運用に関わるすべての関係者間で、運用のプロセスとファイナンシャルゴールに関するコミュニケーションを行うための手続きを確立する。

（出所：プライベートバンキング上巻「第2章　WM（ウェルスマネジメント）　**2**(1)②投資政策書の役割」）

(3)　顧客のファイナンシャルゴール

　リスク許容度や各資産の期待リターン、標準偏差、相関係数さえ決まれば、理論的には最適なアセット・アロケーションは決定できる。分離定理では投資家の無差別曲線さえも必要なく最適なアセット・アロケーションは決定できる。ただし、その前提として市場が効率的であることや正確な期待リターンや相関係数の予測が必要となることを忘れてはならない。

　例えば、効率的フロンティア上にあるアセット・アロケーションであれば、リスクとリターンの関係からリスクを最小化したポートフォリオである。分離定理によって無リスク資産のリターンのY切片から引いた直線との接点が最適なポートフォリオになるが、前提が異なれば最適なポートフォリオは変化することになる。効率的フロンティア上にあれば分散効果の高いポートフォリオであるので、目標リターンを高くしようとして、リスクの高いポートフォリオを選択すれば、下振れリスクも大きくなる。実際に下振れして必要なキャッシュフローが確保できない場合には顧客の信頼を失うことになる。これはリスク許容度を考慮した基本ポートフォリオではないし、本来の分散投資の意義を見失った運用であろう。

　プライベートバンカーは単なる運用の専門家ではない。最適なポートフォ

リオの算出は対象資産が増加すればそれだけ複雑となる。リターンの実績値のどの期間を取るかによって、予測リターンも異なってくる。ましてや、予測数値である期待リターン、標準偏差や相関係数の正確な推定は難しい。

最適なポートフォリオとして専門家が作成したもので、しかも、公表されているデータとして年金積立金管理運用独立行政法人（GPIF；Government Pension Investment Fund）[2]の基本ポートフォリオがある。各アセットクラスの中身が異なるので単純な比較は難しいが、参考となるだろう。

なお、実務においては、むしろ相続税や事業の状況を踏まえた顧客のライフプランニングから算出された必要キャッシュフローを最優先して目標値を設定し、最適ポートフォリオと無リスク資産との割合をどのようにすべきかを顧客と相談の上に慎重に決定していくプロセスが重要といえる。基本ポートフォリオの決定プロセスの中でどのようにリスク許容度を反映させるか、つまり、顧客のファイナンシャルゴールを達成するための運用であることを忘れてはならない。

このように考えれば、キャッシュフローの把握がリスク許容度の理解のために重要となる。プライベートバンカーは家族のライフプランにとどまらずファミリーミッションステートメント（FMS）[3]を考慮した運用をする必要がある。ファミリーミッションステートメントの中で大きくキャッシュフローに影響するのが事業承継である。自社株の買取りや相続、それにともなう経営者の退職金、そして、結果としての事業資金の減少対策などファミリー企業の事業運営にも関わることにも留意する必要がある。

---

[2] 厚生労働大臣から寄託された年金積立金の管理及び運用を行うとともに、その収益を年金特別会計に納付することにより、厚生年金保険事業及び国民年金事業の運営の安定に資することを目的に設立された。https://www.gpif.go.jp/

[3] ファミリーミッションステートメント（FMS）とは、特定の個人や夫婦、ファミリー、またはその同族企業の「行動方針」で、価値観、目標を記述し、世間に表明したもの。プライベートバンキング上巻「第2章　WM（ウェルスマネジメント）■(1)①イ.ファミリーミッションステートメント（FMS）とは」参照。

(図表3-2）ファミリーガバナンスの基本構造

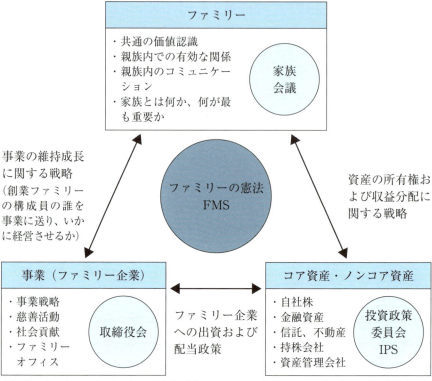

(出所：プライベートバンキング上巻「第2章　WM（ウェルスマネジメント）4(2)ファミリーガバナンスの基本構造」)

2 運用手法
(1) 資産クラスとアセット・ミックス

　これまでリスク、リターンの関係は2つの証券を例にして説明してきた。最も効率的なポートフォリオは効率的フロンティア上にあること、そして、リスクフリー資産を加えることで最適なポートフォリオは接点ポートフォリオひとつに決定することを学んだ。これまでの2つの証券で学んだことを複数の資産の組み合わせに拡張して考えていこう。

　まず、リスクとリターンが類似している個別資産をひとまとめにして分類したものを資産クラスという。以下に資産クラスの分類を示した。金融資産を大別すると、安全資産とリスク資産に分類される。安全資産は、一般に元本価値が保証され価格変動リスクが少ないという特徴を持つ。一方、リスク資産は株式と債券に代表されるが、外国証券やオルタナティブ資産などが含まれる。ただし、これが唯一の分類法ではなく、より細分化することも可能であるし、個別資産をどのレベルで資産クラスとして分類するかは、目的に応じて異なってくる。投資政策書は顧客が達成しようとしているファイナンシャルゴールに沿ったものであるかどうかを確認する必要がある。特に投資

(図表3-3) 資産クラスの分類（例）

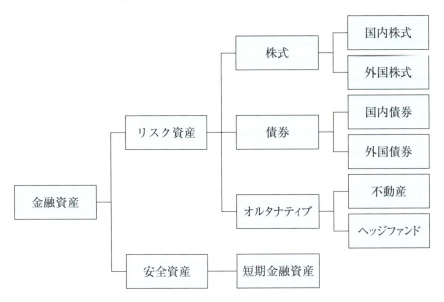

対象から除外すべき資産クラスは資産の特徴を説明しながら合意を得る必要がある[4]。

アセット・ミックスとは、アセット・アロケーションを行った結果として得られる個別資産の構成比率のことをいう。つまり、アセット・アロケーションによって、全部で100％になるように配分された各資産の種類別の組み合わせ（資産構成比）のことを指す。

年金資金などの運用において、中長期の投資方針を所定のリスク許容度の範囲で具体化したアセット・ミックスを政策アセット・ミックス（基本ポートフォリオ）という。投資運用成果の変動幅の約90％はアセット・アロケーションにより決定されるとの研究結果がある。個人投資家だけでなく、特に、機関投資家などの運用においては、政策アセット・ミックスの策定と管理が極めて重要視されている。

この政策アセット・ミックスは時価ベースのウェイトであるので、経年変化の中で組み入れ比率が変化する。価格が上昇するアセットは全体のウェイトが大きくなることからリバランスを行う必要があるが、厳密には時価ベースのため日々ウェイトは変化する。そのため、アセットごとに政策アセット・ミックスの許容範囲（乖離範囲）を決めて顧客と合意を得ておくとよい。

さらに、リバランスではなく、経済環境やリスク許容度（家族構成の変化や退職、相続等のイベント）が変化して政策アセット・ミックス（基本ポートフォリオ）を変更する場合もあるので、運用管理手続きを顧客と相談のうえ、決定しておく必要がある。顧客のファイナンシャルゴールを達成するために、顧客とどのようにコミュニケーションをとるべきか投資政策書に記述することは顧客に安心感を与える。

⑵　アセット・アロケーション

アセット・アロケーションとは、投資の基本的な考え方の一つで、運用に伴うさまざまなリスクを低減しつつ、効率的なリターンを目指すうえで、投

---

[4]　本テキストp.60「図表3－1　投資政策書の役割」参照。たとえば、流動性が必要な顧客には市場が整備されていないプライベートエクイティへの投資は適さない。

資資金を複数の異なった資産（アセット）に配分（アロケーション）して運用することをいう。これは、異なる資産クラスは互いに相関が低いことから、組合せることで、リスクを回避しつつ、より安定した高いリターンを獲得することができるとの考え方に基づく。

　また、アセット・アロケーションは、投資プロセスの中でパフォーマンスへの影響度が非常に大きく、運用資金の特性を勘案したリスク許容度を反映させる段階としても重要であることから、投資の意思決定プロセスの根幹をなす作業といえる。アセット・アロケーションを行うにあたっては、各資産のリスク・リターン、投資環境やマーケットの動向だけでなく、各資産の相関関係、運用目的や資産状況など、さまざまな条件を考慮する。

　個人の場合は、資産状況やリスク許容度、投資目的などによって、適切なアセット・アロケーションを個別に決定するが、金融機関のラップ口座などの投資一任契約[5]を利用することで、運用の専門家からアセット・アロケーションの提案を受けることもできる。また、年金運用は長期的な運用を前提としているため、そのアセット・アロケーションの構築方法を参考にすることは顧客への提案書を作成する上で有益である。

　年金積立金管理運用独立行政法人（GPIF）はホームページの中で「長期的な観点から安全かつ効率的な運用」を行うため、各資産を組み合わせた資産構成割合を「基本ポートフォリオ」として定めている。特に、基本ポートフォリオは主要なデータ（期待リターン、リスク、相関係数など）を開示して、その構築プロセスを公表しているので参考にされたい。

5　本テキストp.74参照。

(図表3-4) GPIFが基本ポートフォリオ[6]で定める資産構成割合

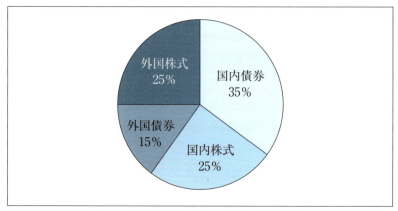

(出所：GPIFホームページ「基本ポートフォリオの考え方」)

(図表3-5) リスク・相関係数の設定

・リスク（標準偏差）

	国内債券	国内株式	外国債券	外国株式	短期資産	賃金上昇率
標準偏差	4.7%	25.1%	12.6%	27.3%	0.5%	1.9%

・相関係数

	国内債券	国内株式	外国債券	外国株式	短期資産	賃金上昇率
国内債券	1.00					
国内株式	−0.16	1.00				
外国債券	0.25	0.04	1.00			
外国株式	0.09	0.64	0.57	1.00		
短期資産	0.12	−0.10	−0.15	−0.14	1.00	
賃金上昇率	0.18	0.12	0.07	0.10	0.35	1.00

(注) 4資産とも過去20年のデータから推計。国内債券については将来のデュレーションの長期化を考慮。（デュレーションとは、債券投資において元本を回収するまでに必要な残存期間）

(出所：GPIFホームページ「基本ポートフォリオの考え方、平成26年10月～」)

---

[6] 国内株式のウェイトについては、世界の株式市場における日本株のウェイト（約9％）に比べ、GPIFの基本ポートフォリオは高めに設定されている。

第3章　資産運用の実際

⑶　アセット・アロケーションのプロセス

　アセット・アロケーションの一般的なプロセスを概観してみる。まず、投資対象となる資産クラスの種類を特定し、それぞれの資産クラスの期待リターンとリスクおよび資産クラス間の相関係数を推計する。過去の長期的なリターンのデータをもとに、なんらかの予測手法を用いて将来推計を行う。複数の資産クラスの配分パターンはさまざまであるが、その中から一定のリスク水準で最も期待リターンが高いポートフォリオの集合が効率的フロンティアとなる。

　効率的フロンティアの中でどれが最適ポートフォリオかは投資家の選好による。無リスク資産を加えて分離定理から最適なポートフォリオを選択する方法もあるが、投資家の選好は、投資家の資産・負債などの財務状況や、目標リターン、必要な流動性、許容リスク水準などに左右される。顧客との話し合いの中で効率的フロンティアとリスク・リターンの関係を説明し、最適なポートフォリオを決定するのが現実的であろう。

（図表３－６）アセット・アロケーションのプロセス

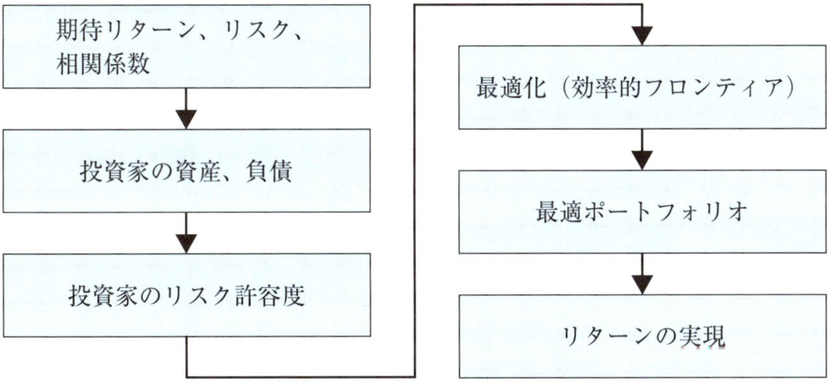

（参考）戦略的アセット・アロケーション

　アセット・アロケーションにおいては、リスクを回避しつつ、より安定した高いリターンを獲得することが目的であるが、機関投資家（生損保、信託銀行、年金基金などの大量の資金を使って運用を行う大口投資家）などの運用の専門家は、アセット・アロケーションを戦略的に活用する。

67

タクティカル・アセット・アロケーション（TAA）は、短期のアセット・アロケーション戦略のひとつで、景気変動や市場の変化によって機動的に資産配分比率を変更していく運用手法をいう。一般的なアプローチとしては、先行指標などを統計的に比較することで市場の動向を予想し、割安な資産に集中的に配分することで高い収益を得るという方法があり、一国だけではなく、複数の国の資産を対象に行われることもある。

（図表3－7）戦略的アセット・アロケーション

ストラテジック（戦略的）・アセット・アロケーション	中長期にわたる資産配分の基準となる政策アセット・ミックスを決定する手法
タクティカル（戦術的）・アセット・アロケーション	短期的に一定の投資ルールに基づいて資産比率を決定する手法
ダイナミック・アセット・アロケーション	資産価格の変化に合わせて、組入比率を大きく変化させる手法

⑷ インデックス運用とアクティブ運用

インデックス運用は、パッシブ運用とも呼ばれ、日経平均株価やTOPIXなどの市場の代表的なインデックスの動きに連動したパフォーマンスを目指す運用のことをいう。インデックス運用には、指数を構成する銘柄を一定の条件で組み入れ、指数の構成どおりに買い付ける完全法や、銘柄を業種ごとに区分して、類似した構成にする層化抽出法、あるいはマルチファクターモデルなどクォンツ的な手法により最適ポートフォリオを作る最適化法などがある。

インデックス運用は、対象となる指数と同じ値動きを目指すため、長期的には市場平均とほぼ同じ投資成果を期待できる。また、次に述べるアクティブ運用と比べて、企業分析や情報収集、銘柄入替などにかかるコストが少ないため、信託報酬などのコストが抑えられるのも大きな特徴となっている。

アクティブ運用は、ベンチマークや市場平均を上回るリターンを上げることを目標とした運用スタイルのことをいう。経済や市場動向などマクロ的な投資環境の予測をベースに、資産配分や業種配分を決め、その後に個々の投資対象を選択するトップダウンアプローチと、ファンドマネージャーやアナリストの徹底した調査・分析に基づいて個別銘柄の投資価値を判断し、その

積み上げによる相対的な比較に基づいてポートフォリオを構築していくボトムアップアプローチの2種類がある。

アクティブ運用では、ファンドマネージャーが株式や債券[7]などの組入れ比率や銘柄を決定するため、運用成績はファンドマネージャーの能力に大きく依存し、またパッシブ運用に比べて、手数料や信託報酬が全般的に高めとなる傾向がある。

なお、対象となるベンチマークは、日本国内の上場株式を投資対象とする場合は日経平均株価やTOPIX等が、海外株式を投資対象とする場合はMSCI（Morgan Stanley Capital Index）指数等が、公社債の場合はNOMURA-BPI等が用いられることが多い。

つまり、インデックス運用とアクティブ運用の違いは「市場は効率的であるかどうか」に関係している。効率的であればすべての情報が即座にかつ完全に株価に反映する。したがって、情報を先取りすることはできないので市場のリターンを超える機会はない。これが、インデックスに連動するパフォーマンスを目指すというパッシブ運用の投資哲学となる。一方で「市場は効率的でない」と考えれば、ストラテジストによる投資環境の分析と戦略やアナリストが発掘する有益な情報でインデックスを上回るパフォーマンスを目指すことができる。

（図表3−8）インデックス運用とアクティブ運用

	インデックス運用	アクティブ運用
運用目標	インデックスに連動するパフォーマンスを目指す	インデックスを上回るパフォーマンスを目指す
投資判断	インデックス構成銘柄に投資する	ファンドマネージャーが判断する
コスト	相対的に低い	相対的に高い
投資のポイント	運用に係るコスト	マネージャーの能力

---

[7] 債券の銘柄選択によりインデックスを超えるリターンを狙う運用はおもに金利の予測に基づく。債券ポートフォリオは、債券価格を左右する金利の将来を予測するデュレーション戦略の採用や信用リスクの違いによる利回り水準の変化（信用スプレッド）を予測することで超過リターンを狙って組む（銘柄を選択）。

次に紹介するグロース投資もバリュー投資もアクティブ運用の手法である。リターンの源泉をどこに求めるかという視点で理解してほしい。

① グロース投資

グロース投資は、成長株投資とも呼ばれ、企業の将来の利益成長性を重視し、業績の伸びが期待できる銘柄を探し、成長に伴って株価が上昇することを狙って投資する手法のことをいう。

グロース投資において成長性を判断する場合には、企業の競争力評価や将来の業績予想とともに、現在のROEの高さなどを基準にすることが多く、その対象となる銘柄は、PERやPBRなどが市場平均より高く、配当利回りが低いといった傾向がある。また、グロース投資は、成功した場合、非常に大きなリターンを得られるが、その一方で、成長する銘柄を見極めることが難しく、また長期間に渡って辛抱強く保有する必要があると言われる。

② バリュー投資

バリュー投資は、割安株投資とも呼ばれ、企業の価値を分析して、利益や資産などの基準に対して割安なものに投資する手法のことをいう。企業の本源的価値に対する株式の割安度を重視する。

バリュー株投資において割安度を判断する場合には、市場平均と比べて、PERやPBRの低いもの、配当利回りの高いものなどが代表的な選択基準とな

(図表3－9) グロース投資とバリュー投資

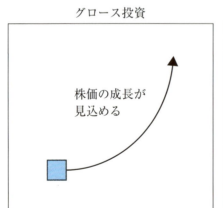
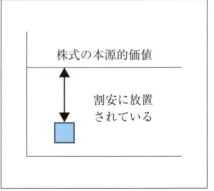

る。バリュー株投資は、景気の回復局面など市場環境が大きく変わる局面において、割安な株価が修正されることで大きなリターンを得られることが多いが、その一方で、割安に放置されている理由はさまざまであることから、市場で再評価され株価が上昇する銘柄を見つけ出すことは簡単ではないといわれる。

(5)　クォンツ運用

　クォンツ運用は、システム運用とも呼ばれ、マーケットや経済情勢などのデータによってコンピュータを利用した数理モデルに従って運用する投資スタイルのことをいう。クォンツ（Quants）の名称はQuantitative（数量的、定量的）という英語から来ており、高度な数学的手法や数理モデルを使って、マーケットを分析したり、投資戦略や金融商品を考案・開発したりすること、もしくはその専門家のことをいう。

　クォンツ運用は、システムによって運用が機械的に行われるため、運用担当者の相場感を排除し、相場の雰囲気に影響されることなく投資行動できることが一つの強みとなっている。一方で、弱点としては、過去のデータに基づくため、市場環境の変化や想定外の事態に弱いこと、他者に真似されやすいことなどが挙げられる。

　パッシブ運用だけでなく、アクティブ運用にもシステムで運用するモデルが開発されていることに留意したい。

(6)　レバレッジ運用

　相場が一方向に動くと確信があるときに利用されるのが、レバレッジ運用である。投資信託には、ブル・ベア型ファンドが商品開発されている。

　ブル型ファンドとは、先物の利用により、相場の上昇に対して２倍、３倍等の投資成果を目指すファンドのことをいう。指数が上昇した時に利益が出る仕組みとなっており、その投資対象となる指数には、株価指数先物や債券先物、為替先物などがある。

　これに対して、先物の利用により、相場の下落に対して２倍、３倍等の投資成果を目指すファンドをベア型ファンドという。この二つを合わせてブ

ル・ベア型ファンドという。

(図表3−10) ブルとベア

「ブル」とは？
「ブル」とは、「上昇相場」を意味し、「雄牛」が角を下から上に突き上げる姿に由来している。

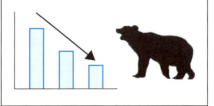

「ベア」とは？
「ベア」とは、「下落相場」を意味し、「熊」が爪を上から下に振り下ろす姿に由来している。

3 運用方法の選択
(1) 顧客への運用アドバイス

運用アドバイスを顧客がどこまでプライベートバンカーに期待しているのか、その立ち位置をはっきりとさせなければならない。運用での立ち位置とはプライベートバンカーと顧客それぞれが行う役割のことである。顧客がプライベートバンカーに資産運用のすべてを一任するのか、それとも、プライベートバンカーのアドバイスだけに限定するのか、そのタイミングはいつにするか、モニタリングはどうするかである。

① 投資助言契約により業務を行う場合

投資信託での運用を嫌い自らが相場観をもって運用してきた顧客が、個別銘柄の選択や売り買いのタイミングのアドバイスを望む場合、プライベートバンカーは金融商品取引法に基づく投資助言業者として登録し、投資助言契約を締結することになる。プライベートバンカーが助言業者の場合最終的には顧客の判断で顧客が実際の取引を行うことが必要となる。投資一任契約での運用と異なり信託契約を必要としないため、運用コストは少なくなる。

(図表3-11) 投資助言契約

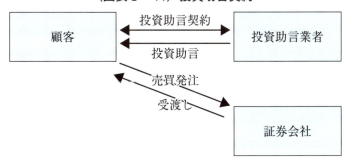

② 投資一任契約により業務を行う場合

プライベートバンカーやその組織が投資一任業者[8]の登録を受けていれば、

---

[8] 2007年9月30日に施行された金融商品取引法の下で、投資顧問業は、投資運用業、投資助言・代理業と法律上の呼称、位置づけが変わり、業務分野の拡大・多様化が進んでいる。日本投資顧問業協会のホームページを参考にされたい。http://www.jiaa.or.jp/komon/

投資一任契約（投資顧問契約）を締結して一任で運用判断を行うことが可能となる。この場合、顧客資産の管理を行うことは禁止されているので、信託銀行と顧客が信託契約を締結し、顧客、信託銀行、運用者の三者が契約を締結するようにしなければならない。なお、信託報酬等のコストがかかるために相応の資産規模が必要となる。一方で運用者（投資一任業者）と資産の管理者（信託銀行）を別々にすることで記帳の正当性を担保し、費消事故を防止することができる。また、信託銀行は自己の資産と顧客の資産を分別管理しているので信託銀行が破産しても、分別管理された顧客の資産は破産財産と区別される[9]。

(図表3－12) 投資一任契約

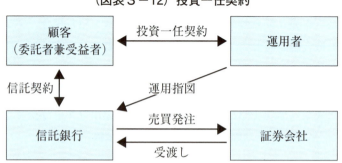

③ 投資信託により業務を行う場合

　投資信託とは、不特定多数の投資家から資金を集め、その資金をプールして、運用の専門家が株式や債券、外貨建て資産、不動産などで運用し、その運用成果に応じて収益を分配する金融商品をいう。投資信託の種類には、主に有価証券を組み入れて運用する証券投資信託のほかに、不動産を中心に運用する不動産投資信託やさまざまな投資信託に投資するファンド・オブ・

---

[9] 1997年から2001年の一連の保険会社の破産により企業年金を委託していた基金が契約していた資金を取り戻せなかったことで分別管理の必要性が高まった。その後、生命保険会社はソルベンシーマージン比率（保険会社の保険金等の支払能力の状態を表す比率。|（自己資本＋準備金）／（通常以上のリスク）×0.5|×100と表される）を公表し資産の健全性を高める努力をするとともに、生命保険保護機構を設立して信頼の確保に努めている。

ファンズなどがある。不動産で分散投資を行うには大きな金額を必要とするが、投資信託では容易に分散投資が図れる。

投資信託は、運用次第で預貯金以上のリターンを得ることができるが、一方で元本割れするリスクもある。そのため、投資にあたっては自己責任の原則が重要になる。

(図表3-13) 投資信託

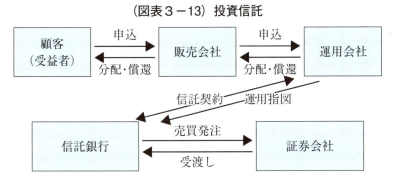

投資信託と投資一任契約が異なる点は、信託契約の委託者が投資信託は運用会社であり、投資一任契約は資金提供する顧客であることである。顧客は投資信託の場合、受益者であるが、投資一任契約であれば委託者兼受益者である。このため、投資信託の顧客は取次を行う販売会社を通じて申込みを行い、投資信託を購入し、受益者として分配金や償還金の交付を受ける。つまり、運用会社の運用方針に基づく運用商品を購入する。一方、投資一任契約では委託者でもあるので、一年の運用の結果の収益を受ける（払出し）のか再投資する（元加）のか選択できる。さらに、運用方法や運用対象資産、運用制限などを運用ガイドラインで規定することができる。また、運用を委託した運用者（投資一任業者）の変更も比較的容易である。

つまり、投資信託は既存の商品ラインナップの中から適した商品を選択し購入するのに対して、投資一任契約はいわばオーダーメイドの商品である。投資信託が小口の資金から申込が可能な商品であるのに対して、投資一任契約は数十億円単位[10]でなければ運用者（投資一任業者）が申込を受け付けな

---

[10] 受託資産によって異なる。株式などは数億円から受託は可能であるが債券投資であれば50億円以上など運用会社によって異なる。日本投資顧問業協会ホームページの運用会社の便覧を参照されたい。

い場合があるため注意が必要である。

両者の中間的な位置づけとして、セミオーダーメイド商品といえるのが、募集対象の投資家を限定した私募投信（募集形態が私募[11]の投資信託）である。次の表は投資信託の純資産残高であるが私募投信の残高が大きく増加していることがわかる。

（図表３－14）投資信託の純資産総額の推移

（注）純資産総額とは、投資信託に組入れられている証券をすべて時価評価し、債券の利息や株式の配当金などの収入を加えた資産総額から、ファンドの運用に必要な費用などを差し引いたもの。
（出所：投資信託協会「投資信託の主要統計」）

④　プライベートバンカーの役割

資産運用でのプライベートバンカーの役割は、顧客であるファミリーがミッションをクリアするために行おうとしている運用がリスク許容度から考えて適切かどうか、具体的には顧客が将来必要とするキャッシュフローの準

---

[11] 金融商品取引法では適格機関投資家私募、特定機関投資家私募、少人数私募が規定されている。金融庁への届け出事務が軽減されるなどメリットがある。私募は新しく有価証券を発行する際に、不特定多数を対象に募集することを前提にしている公募と対になる言葉。

備が適切に行なわれているかどうかを冷静にアドバイスすることである。プライベートバンカー自身や所属する組織の法的な立場（ライセンス取得状況）に応じて顧客へのサービスは制約される。この制約の中で顧客との合意を得て最大限のサービスに努めなければならない。

　運用面ではアセット・アロケーション効果が銘柄選択効果よりも圧倒的にパフォーマンスに影響することはすでに学んだ。そこで、銘柄選択は専門家に任せてアセット・アロケーション効果のアドバイスに注力したい場合は、複数の投資信託を組み合わせ、基本ポートフォリオを実現する方法がある。理論的には分離定理に基づいた基本ポートフォリオと無リスク資産との組み合わせである。その無リスク資産への配分は顧客の将来キャッシュフローを考慮し、基本ポートフォリオは効率的フロンティア上にある接点ポートフォリオとなる。しかし、そもそも市場は効率的なのかどうか、ましてや、期待リターンや相関係数は将来の予測値である。したがって、経年変化をフォローし予測精度をあげる努力が必要となる。

(2)　投資信託の分類

　投資信託は、他の金融商品と比べて、バラエティーに富んでおり、その分類の方法にもさまざまなものがある。以下は、投資信託の代表的な分類である。

（図表３－15）投資信託の分類

設定形態による分類	・契約型投資信託 ・会社型投資信託
投資対象資産による分類	・株式投資信託 ・公社債投資信託
解約の可否による分類	・オープンエンド型投資信託 ・クローズドエンド型投資信託
追加設定の有無による分類	・追加型（オープン型）投資信託 ・単位型（ユニット型）投資信託

①　設定形態による分類

　投資信託は、その設定形態によって契約型投資信託と会社型投資信託に分

けられ、契約型投資信託は、さらに委託者指図型投資信託と委託者非指図型投資信託に分けられる。

(図表3－16) 契約型投資信託と会社型投資信託

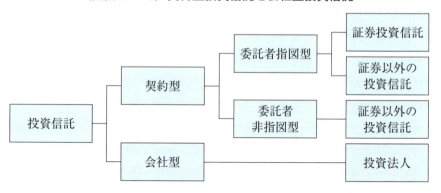

＜契約型投資信託（委託者指図型）＞

現在、日本で主流となっている契約型投資信託（委託者指図型）は、以下のように、資産の管理・運用・販売などの業務について、それぞれの専門機関が役割を果たすことで成り立っている。

(図表3－17) 専門機関の役割

販売会社 （銀行や証券会社 などの金融機関）	投資家ごとの投資信託口座を管理し、投資信託の販売や換金、分配金・償還金の支払いなどを行う。投資信託に関する質問や相談も受け付けており、投資家と投資信託をつなぐ窓口となる。
運用会社	投資信託を設定し、投資家から集めた資金を運用する。また、資金をどの資産にどうやって投資するのかを考え、信託銀行に対して運用指図する。
信託銀行	投資家から集めた資産を管理する。運用会社からの運用指図に従って、株式や債券などの売買や管理を行う。信託銀行では、投資家から集めた資金を自社の財産とは区別して分別管理する。

契約型投資信託とは、運用会社（委託者）と信託銀行（受託者）が信託契約を結ぶことにより組成される投資信託のことをいい、信託の受益権を均等に分割して、投資家（受益者）に取得させる。ただし、委託者非指図型の場

合は、受益者＝委託者となる。

(図表3－18) 契約型投資信託（委託者指図型）の仕組み

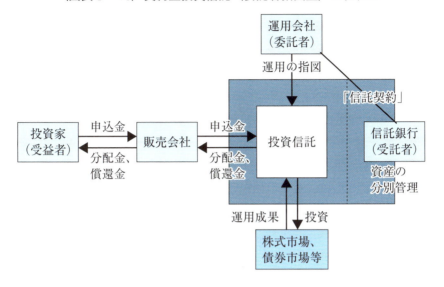

＜会社型投資信託＞

　会社型投資信託とは、証券投資を目的とする投資法人を設立して、投資家がその発行証券を取得する形態のものをいう。集められた資金の運用や管理は外部の専門機関に外部委託することが義務付けられている。会社型投資信託には不動産投資信託がある。

＜REIT（不動産投資信託）＞

　不動産投資信託は、不動産を投資対象とする投資信託のことをいい、通称、リート（REIT；Real Estate Investment Trust）と呼ばれる。REITは、多くの投資家から集めた資金や金融機関から借り入れた資金を用いて不動産を購入し、その不動産から得られる賃料収入や売却益を投資家に還元する仕組みとなっている。投資対象とする不動産には、オフィスビル、商業施設、物流施設、ホテル、住宅などがある。

　日本でも、2000年11月の「投資信託及び投資法人に関する法律」の施行により、投資信託の運用対象に不動産が認められ、日本版REIT、即ちJ-REIT

がスタートした。

　J-REITは、2001年に東京証券取引所に開設されて以降、さまざまな銘柄（投資法人）が上場されており、その上場銘柄には株式と同様、4桁の証券コードが割り当てられ、売買も株式と同じように証券会社を通じていつでも行うことができる。J-REITは、個人投資家でも手軽に不動産投資が可能な商品である。

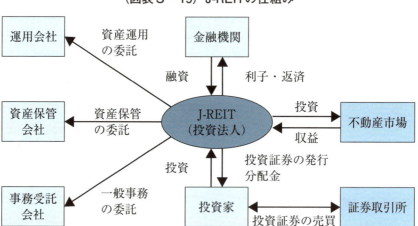

（図表3-19）J-REITの仕組み

（出所：投資信託協会「J-REITの仕組み」）

REITの特徴
・小口の資金でリスク分散された不動産投資ができる
・証券取引所に上場されているため、価格が明らか
・安定した分配金と相対的に高い利回りが期待できる
・株式と同じようにいつでも売買ができる
・指値注文や成行注文ができる
・信用取引（買建て、売建て）ができる

(図表3－20) 上場REITの純資産総額

(出所：投資信託協会「投資信託の主要統計」)

② 投資対象資産による分類

　投資信託を投資対象資産によって分類すると、株式投資信託と公社債投資信託に分類できる。株式を組入れて運用できるファンドを株式投資信託という。また、株式を一切組入れないで運用するファンド（主に短期金融商品や債券で運用）を公社債投資信託という。

③ 解約の可否による分類
＜オープンエンド型投資信託とクローズドエンド型投資信託＞

　投資信託を解約の可否によって分類すると、オープンエンド型投資信託（解約自由）とクローズドエンド型投資信託（解約禁止）に分類できる。
　オープンエンド型投資信託は、ファンドの受益権をいつでも自由に換金することができる投資信託をいう。保有する投資家から換金の申し込みがあった場合に、受益権の買戻しを行うため、ファンドの資金量が不安定になるという特徴がある。現在、日本の契約型投資信託は、基本的にオープンエンド型となっており、基準価額[12]に基づいて換金が行われる。

---

[12] 基準価額とは、投資信託の単位口当りの価額（時価）を表し、購入または換金の際の基準となる価額。本テキストp.89参照。

クローズドエンド型投資信託は、途中で換金することができない投資信託をいう。保有する投資家から換金の申込みがあっても、受益権の買戻しは行われず、満期まで発行証券の買戻しがないため、ファンドの資金量は安定する。

④ 追加設定の有無による分類
＜追加型（オープン型）投資信託と単位型（ユニット型）投資信託＞

投資信託を追加設定の有無によって分類すると、追加型（オープン型）投資信託と単位型（ユニット型）投資信託に分類できる。

追加型（オープン型）投資信託は、運用開始後も購入できる投資信託のことをいう。当初募集された信託財産の上に、いつでも資金の追加設定を行い、一つのファンドとして運用できるもので、信託期間が無期限もしくは長期（10年など）となっている。現在、日本においては、追加型投資信託が主流となっている。

単位型（ユニット型）投資信託は、ファンドの購入が設定前の募集期間だけに限られ、設定後は償還まで資金の途中追加ができない投資信託をいう。

⑤ その他
＜ETF（上場型投資信託）＞

ETF（Exchange Traded Funds）は、金融商品取引所（証券取引所）に上場し、取引されている投資信託をいう。これは、大きく分けて、運用成果が株価指数や商品指数などに連動して運用される指数連動型上場投資信託と、金価格などに連動して運用される指数連動型以外の上場投資信託の2つがあり、現在、その大半は前者の指数連動型上場投資信託となっている。

ETFは、オープン型投資信託のインデックスファンドとは仕組みが異なり、株式と同じように4桁の証券コードが割り当てられ、売買も株式と同じように証券会社を通じていつでも行うことができる。

また、ETFは、ファンドを組成する管理会社が募集を行い、これに応じた者に対して、ETFの受益証券を発行することになるが、通常の投資信託とは異なり、投資家は、管理会社の募集に応じて大量の受益証券を取得する

者（大口投資家、指定参加者）と、市場を通じて小口で受益証券を取得する一般の投資家に分けられる。

（図表3-21）現物拠出型ETFの仕組み

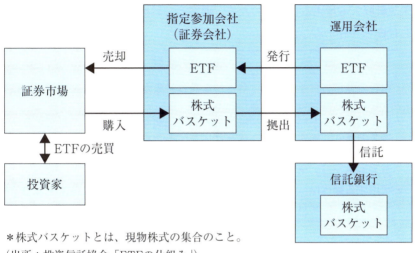

＊株式バスケットとは、現物株式の集合のこと。
（出所：投資信託協会「ETFの仕組み」）

ETFの特徴（一般の投資家を対象）
・商品内容が指数に連動するため、わかりやすい
・少ない資金でリスク分散ができる
・証券取引所に上場されているため、価格が明らか
・通常の投資信託と比べて信託報酬などコストが安い
・株式と同じようにいつでも売買ができる
・指値注文や成行注文ができる
・信用取引（買建て、売建て）ができる

＜ラップ口座＞

　ラップ口座とは、証券会社や信託銀行などの金融機関が顧客と投資一任契約を締結し、顧客の資産運用や管理、投資アドバイスなどの金融サービスを包括的に提供する口座のことをいう。ラップ（wrap）とは「包む」という意味で、資産運用に関するさまざまなサービスを包括して提供することから、この名が使われている。

　通常、株式や投資信託などを売買すると、金融機関に手数料をその都度支

払うが、ラップ口座では、売買による手数料はかからず、顧客から預かっている運用資産残高に応じて、予め決められた比率の残高手数料がかかる。つまり、顧客の運用資産残高が増えると、サービスを提供している金融機関の手数料収入も増える仕組みのため、顧客と金融機関が資産を殖やすという同じ目標を共有することになる。

ラップ口座の特徴
・顧客の運用方針を受けて、基本的な投資対象が決定され、金融機関が投資一任により独自の判断で運用する
・資産運用のアドバイスや金融商品の売買注文などを一括して提供するサービスであり、顧客は、資産残高に応じて手数料を支払う
・金融機関にとっては、手数料稼ぎのための売買をする必要がなく、収益を得るためには、アドバイス力や運用力が試される
・利用する顧客は、ある程度の大きな資金があって、独自に運用するのではなく、投資のプロに運用を任せたい場合に利用する

＜ファンド・オブ・ファンズ＞

　ファンド・オブ・ファンズ（Fund of funds）は、簡単に言えば「投資信託に投資する投資信託」で、複数の投資信託（ファンド）を適切に組み合わせて、一つの投資信託（ファンド）にまとめたものをいう。これには、運用会社が自社で運用するファンドを投資対象とするものと、他社が運用するファンドを投資対象とするもの、あるいは自社と他社のファンドをミックスして投資対象とするものがある。ファンド・オブ・ファンズは、株式や債券などの個別銘柄へ投資するのではなく、複数のファンドへ投資するファンドであり、運用会社に銘柄選びを任せるのではなく、ファンド選びを任せることになる。

（図表３－22）ファンド・オブ・ファンズの仕組み

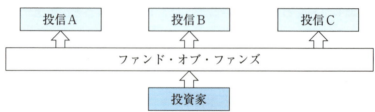

ファンド・オブ・ファンズは、投資信託の一つの形態として普及しているが、次のようなメリットとデメリットがある。

メリット	・購入者は複数の投資信託の選択を行う手間が省ける ・運用のプロによって、ファンド選択が行われる ・分散投資効果が高く、リスクを低減できる ・既に実績のあるファンドの付加価値を統合できる ・資産配分方針により、自動的にリバランスが行われる ・運用する会社や人を分散できる ・リサーチや運用を効率化できる
デメリット	・運用報酬が二重にかかるなどコストが高くなる ・運用状況が通常のファンドに比べてわかりづらい

＜毎月分配型ファンド＞

毎月分配型ファンドとは、原則として月１回、安定した分配金の支払いを目指す投資信託をいう。通常、リスクはあるものの国内より金利が高い海外の債券やREIT（不動産投資信託）等に投資し、１カ月毎に決算をして、金利収入や為替差益等を分配金として支払う仕組みになっている。分配金とは、運用によって得られた収益の一部をファンドの保有者に対して分配するもので、株式でいう配当金にあたる。

ただし、毎月分配型ファンドの分配金額については、それぞれのファンドの収益分配方針に基づいて運用会社が決定するため、予め一定の額の分配を約束するものではなく、運用状況などによっては分配金が支払われない場合もある。また、元本払戻金（特別分配金）として、元本部分が分配されることもあることから、毎月分配型ファンドに投資するにあたっては、その仕組みとリスクを十分に理解しておく必要がある。

（図表3－23）毎月分配型ファンドの純資産総額と株式投信に占める割合

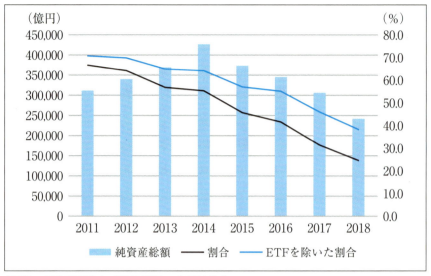

（出所：投資信託協会「投資信託の主要統計」）

(3) 投資信託のコスト
① 公募契約型投資信託のコスト

　公募契約型投資信託のコストには、直接的に負担するものと間接的に負担するものの2種類があり、直接的に負担するものには、購入時の販売手数料や換金時の換金手数料（信託財産留保額）、利益や分配金に対する税金などがある。また、間接的に負担するものには、購入時の募集手数料や保有時の運用管理費（信託報酬）、ファンド内の組入証券の売買委託手数料などがある。

（図表3－24）投資信託の主なコスト

購入の申込みをする時	購入時手数料	・購入申込みのための手数料（無料の投資信託もある） ・手数料に対する消費税
保有している間	運用管理費（信託報酬）	・投資信託を運用するための費用 ・投資信託を管理するための費用
換金等をする時	信託財産留保額	・投資信託を換金等する人が、換金等にかかった費用を自ら負担するもの（かからない投資信託もある）

第3章　資産運用の実際

（図表3−25）公募投資信託（追加型）における運用管理費（信託報酬）の状況（2018年10月末）

（単位：％）

		運用管理費 （A+B+C）	委託会社 （A）	販売会社 （B）	受託会社 （C）	ファンド 本数
国内	株式	1.05	0.52	0.47	0.06	913
	債券	0.35	0.16	0.15	0.03	91
	不動産投信	0.70	0.33	0.33	0.04	112
	その他投信	1.31	0.75	0.52	0.04	5
	資産複合	0.92	0.42	0.45	0.05	41
	Total	0.96	0.47	0.43	0.05	1,162
海外	株式	1.24	0.60	0.59	0.05	808
	債券	1.06	0.49	0.53	0.04	1,072
	不動産投信	1.11	0.51	0.55	0.04	201
	その他投信	1.13	0.56	0.53	0.04	128
	資産複合	1.28	0.56	0.68	0.04	195
	Total	1.15	0.54	0.56	0.04	2,404
内外	株式	1.29	0.61	0.63	0.05	385
	債券	0.99	0.46	0.49	0.03	314
	不動産投信	1.15	0.62	0.49	0.05	87
	その他投信	1.04	0.48	0.52	0.03	85
	資産複合	0.96	0.43	0.49	0.04	751
	Total	1.06	0.49	0.53	0.04	1,622
合計		1.08	0.51	0.52	0.04	5,188
インデックス		0.45	0.25	0.16	0.04	716
（うちETF）		0.36	0.31	0.00	0.05	183
アクティブ		1.18	0.55	0.58	0.04	4,472
毎月決算型		1.15	0.50	0.61	0.04	1,402
毎月決算型以外		1.05	0.51	0.49	0.05	3,786
DC向けファンド		0.68	0.33	0.31	0.05	461

（注）運用管理費（信託報酬）の料率は平均値。なお、各ファンドの投資する地域や資
産等、または運用方法等により異なる。

（注）DCとは確定拠出年金の運営管理機関。

（出所：投資信託協会「投資信託の主要統計」）

② 公募会社型投資信託のコスト

　取引は証券会社に口座開設し、証券会社を通じて証券取引所で売買を行う。投資家は証券会社に「株式売買手数料」を支払う必要がある。証券会社の手数料の体系によっては、取引ごとではなく、一定期間の定額料金の場合もある。そのほか、「運用会社」「事務受託会社」「資産保管会社」などに業務委託の対価として委託報酬を支払っているが、投資信託の価格は市場で決定されるため、投資家がこの委託報酬を意識することはない。

③ ETFのコスト

　取引は証券会社に口座開設し、証券会社を通じて証券取引所で売買を行う。投資家は証券会社に「株式売買手数料」を支払う必要がある。一般の投資信託より信託報酬は低い。やはり、「運用会社」「事務受託会社」「資産保管会社」などに業務委託の対価として委託報酬を支払っているが、ETFの価格は市場で決定されるため、投資家がこの委託報酬を意識することはない。

(図表３－26) ETFのコスト

	一般的な投資信託	ETF
購入窓口	各投資信託の取扱いがある証券会社、銀行などの販売会社	証券会社
購入価格	基準価額	その時の取引価格
注文方法	基準価額がわからない状況で購入・換金の申込を行う	成行・指値注文が可能
購入時の手数料	投資信託ごと、販売会社ごとに手数料率は異なる	証券会社ごとに手数料率は異なる
信託報酬率	一般的なETFの信託報酬より高い	一般的な投資信託の信託報酬より低い
最低投資金額	１万円程度から	１万円程度から購入できるETFもあるが、多くは10万円程度の資金が必要（相場動向による）
信用取引	できない	できる

(出所：投資信託協会「ETFの仕組み」)

④　ノーロード型ファンド

　ノーロード型ファンドとは、購入時にかかる販売手数料が無料の投資信託をいう。元々、欧米で普及した商品だが、最近では日本でもインデックス投信やライフサイクル投信などで販売手数料を取らないノーロード型ファンドが増加傾向にある。

　なお、ノーロード型ファンドは、購入時に手数料を節約できるが、購入後の信託財産留保額や運用管理費（信託報酬）などのコストは普通にかかるほか、販売手数料を無料とする代わりに、運用管理費が高めになっていることもあるので、購入を検討する際には、全てのコストをよく確認し、総合的に判断することが必要である。

(4)　投資信託の取引

①　公募契約型投資信託の取引

　購入したい投資信託の取り扱いのある証券会社や銀行などの販売会社で購入申し込みを行う。購入にあたっての取引価格は申込日の基準価額であるが、申し込みは市場の終値が決定するまでとなっているため、終値が確定する翌日に判明することになる。これは既存の購入者との公平性を保つためでブラインド方式と呼ばれている。

＜基準価額＞

　基準価額とは、投資信託の単位口数当りの価額（時価）を表し、購入または換金の際の基準となる価額となる。ファンドに組み入れられている資産を営業日毎に時価で評価し、利息や配当金などを加えて資産総額を算出し、さらに運用にかかるコスト（売買手数料などの運用経費や運用管理費等）を差し引いて純資産総額を算出し、受益権口数で割って算出する。

> 　基準価額＝信託財産の純資産総額／受益権口数

　基準価額は、委託会社（投信会社）が営業日毎に算出・公表しており、通常、１口＝１円でスタートしたファンドの基準価額は、１万口当たりで公表される。また、基準価額は、運用管理費等が既に控除された後の価額だが、

販売手数料や信託財産留保額は反映されていないので、投資家が損益計算をする際には、それらの費用のほか、税金等を考慮する必要がある。

② 公募会社型投資信託のコスト

上場しているため、通常の株式の売買と同じく成行・指値注文が可能である。取引にあたっては証券会社に口座開設し、市場で取引を行う。

③ ETFのコスト

上場しているため、通常の株式の売買と同じく成行・指値注文が可能である。取引にあたっては証券会社に口座開設し、市場で取引を行う。

(5) 投資信託の分配金

① 公募契約型投資信託の分配金

分配金とは、投資信託の分配可能原資の中から、決算の後に支払われる金銭をいう。これは、所定期間の運用の結果、得られた収益を口数に応じて決算毎に投資家に分配するもので、予め定められた収益分配方針に従って、どれくらい出すかを運用会社が決定する。なお、追加型株式投資信託の分配金には、課税対象となる普通分配金と課税対象とならない元本払戻金（特別分配金）の２つがある。

(図表３−27) 分配金

普通分配金	ファンドの分配落ち後の基準価額が、受益者の個別元本と同額かまたは上回っている場合に支払われる分配金をいう。
元本払戻金 （特別分配金）	ファンドで支払われる収益調整金[13]を原資とする分配金をいう。税務上、元本部分の払い戻しであると考えられるため、非課税とされる。

例えば、以下のような投資信託を保有している場合の第３回の受益証券10,000口当たりの収益分配金の税引き後手取り額を考えてみる。

---

[13] 収益調整金とは、追加型株式投資信託において、追加設定によって、投資家間で不利が生じないように調整するための損益の勘定項目。

・投資対象：国内株式

・購入時基準価額：10,500円

・購入後の収益分配金（10,000口当たりの金額）

	第1回	第2回	第3回
収益分配金	400円	500円	600円
分配前基準価額	11,000円	10,200円	10,100円

　第1回分配金は、分配前基準価額（11,000円）が個別元本（10,500円）を上回っているので、すべて普通分配金となり、個別元本の変更はない。第2回分配金は、個別元本（10,500円）を下回っているので、すべて特別分配金となり、個別元本は10,000円に変更される。そして、第3回分配金は、個別元本を上回っている部分の普通配当金に対して課税されることになる。

　ここで、税率を20％とすると、第3回分配金の税引き後手取り額は以下のようになる。

10,500円 − 500円 = 10,000円（第3回分配時点の個別元本）

10,100円 − 10,000円 = 100円（個別元本超過部分）

600円 − 100円 = 500円（非課税となる特別分配金）

100円 × (1 − 0.2) + 500円 = 580円

② 公募会社型投資信託の分配金

　一般に会社には法人税が課税される。しかし、会社型投資信託は投資法人であっても利益のほとんどを投資家に分配すること（導管性）を条件に法人税は非課税である。たとえば、投資対象が不動産の場合、実際に不動産に投資するのと同様に不動産からの収益を毎期の分配金として受け取ることができる。ただし、取引価格は市場の需給によって決定されるので日々変動する。また、不動産賃料についても不動産市場の状況によって変動することを忘れてはならない。

③ ETFの分配金

　ETFは株式のバスケットを購入しているので、購入している株式からの

配当を原資として分配金を受け取ることができる。分配金の受け取りは株式の配当を受け取る場合と同様に権利確定日までETFを保有していることが条件となる。

第4章　資産運用の管理と情報収集

第4章　資産運用の管理と情報収集

【本章のねらい】

　顧客から信頼されるためには優れたポートフォリオを提案するだけでなく、提案した内容のモニタリングを行うことで、顧客のファミリーミッションを実現し、ファイナンシャルゴールへ顧客を導く必要がある。

　このため、資産運用・管理においては、ポートフォリオを構築して実際の運用がスタートした後も、きめ細かく運用モニタリングをすることが重要になる。一般に、個人の資産形成においては、長い期間をかけて老後資金を準備していくことから、その間にはライフプランの見直し、相場の大変動など、さまざまな出来事がある。富裕層であれば、相続のための資金対策、事業承継などのライフイベントがある。効率的な資産形成を行っていくためには、リバランスやアセット・リロケーションを行う必要もある。

　ここでは、運用モニタリングの重要性とパフォーマンス評価の具体的方法について理解する。投資政策書をベースに、顧客とどのように情報交換を行い、提案したポートフォリオのモニタリングのための情報収集を行うかを説明する。

1 運用管理の基礎知識

(1)　投資政策書と運用モニタリング

⑴　顧客との定期的なミーティングの必要性

　投資政策書には顧客と合意した目標の設定や資産配分方針の決定を記載する。この合意事項は顧客のリスク許容度や運用環境が変化すれば変更が必要なものであるし、変更がないとしても時間とともにどのように実行されたか運用モニタリングを行う必要があるため、どのように定期的なミーティングを行うか顧客と合意しておくことが望ましい。運用モニタリングの必要性を説明して顧客の理解を得ておくことが重要である。投資政策書の項目として、

運用管理手続きや顧客とのコミュニケーションの方法を記載して継続的に顧客からの信頼を得ることが大切である。

　たとえば、運用面からは一般に、ファンド選定時には高品質なファンドであったとしても、その後は運用者の交代や運用手法・プロセスの変更などにより、ファンドの品質は向上あるいは劣化することがよく見受けられる。ファンドは常に変化しており、いつまでも高品質とは限らない。

　期待した市場局面での期待外れのパフォーマンス、投資進捗の遅れ、特定セクターへの過大なベット（賭け）や低リスク運用へのシフトといった想定外のリスクテイク、投資スタイル・戦略の変化等を早期に発見することが、プライベートバンカーには重要な課題になる。そのためには、質の高い運用モニタリングの実践が鍵となる。

②　運用モニタリングの事例

　以下は運用会社に対して運用評価会社が行う運用モニタリングの例である。運用モニタリングが本来どのように行うべきものであるかの理解に役立つので紹介する。そして、ここで行われる定性評価と定量評価について解説する。プライベートバンカーは運用評価会社ほど詳細なモニタリングはできないにしても、運用評価会社のファンド評価情報を収集することは顧客への報告に役立つ。

（図表４－１）運用モニタリングのプロセス（機関投資家の例）

STEP１： 情報収集	STEP２： 定期ミーティング	STEP３： モニタリングレポート作成
・運用機関アンケート、データベンダーを通じた情報収集 ・運用報告書によるポートフォリオの運用状況や体制変更の確認	・レビューミーティングの実施 ・運用状況等に関する運用者とのディスカッション	・アナリストによる評価をベースに定性評価の実施 ・モニタリングレポートの作成

特に、プライベートバンカーが投資信託を活用して基本ポートフォリオを構築した場合、運用に適さなくなった投資信託の変更や、許容範囲を超える時価（基準価額）の変化により基本ポートフォリオを保つために行うリバランスについて、それらが発生した時点で顧客に報告し対処するようアドバイスする必要がある。

さらに、ライフプランニングや事業の変化からキャッシュフローの変化に結び付くイベントが発生したかどうか、定期的に確認しよう。リスク許容度の変化や経済市場環境の変化があった場合にはアセット・リロケーション（基本ポートフォリオの変更）を行うことになる。

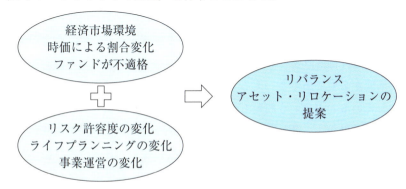

③ パフォーマンス判定期間

そもそもパフォーマンス評価はどのくらいの期間を前提として行う必要があるのだろうか。たとえば、四半期ごと、6カ月ごと、決算ごとなどさまざまな期間がある。また、年金運用ではファンドマネージャーの能力は1年では判断せず、3年から5年のパフォーマンスを測定して評価するのが一般的である。ここで複数期間の評価の場合、複利計算することに留意してほしい。

たとえば、以下の場合AとBでは複利と単利では評価が異なる。

投資信託	1年目	2年目
A	2%	-2%
B	0%	0%

単利の場合の累積リターン　　A：2＋（－2）＝0

B：0＋0＝0

複利の場合の累積リターン　　A：（1＋0.02）×（1－0.02）－1＝－0.0004

B：（1＋0）×（1＋0）－1＝0

　パフォーマンス評価は複数期間の場合は複利で計算する必要がある。複利の場合、Aは2年間でマイナスとなった。つまり、元本割れである。また、リターンは運用報酬などの費用が控除されているかどうかでも大きく異なる。顧客からみれば運用報酬控除後のリターンが大切であるが、運用者からみれば運用報酬控除前のリターンで評価してほしいということになる。1年程度では、市場環境により運用報酬水準が大きく影響するために、能力がある運用者が過小評価されることもある。よって、パフォーマンス評価ではある程度の期間が必要であるといえる。またそもそもAとBは同じ運用スタイルで運用しているのかという問題もある。Aが株式でBが債券であればそれぞれのリスクは異なる。それぞれのリスクを考慮したリスク調整後のリターンを測定しなければ公正なパフォーマンス評価ではない。リスク調整後のリターンの測定にはさまざまな方法がある[1]。その前に、運用モニタリングは、将来の優れたパフォーマンスを期待して、優れた運用者を見つけ出すためにあるということを忘れてはならない。過去の実績データ（定量分析）だけでは必ずしも将来を予測するには不十分である。よって、定性評価の方法を学ぼう。

⑵　定量評価と定性評価

　ファンド評価には、過去の実績を測る「定量評価」と将来のパフォーマンス期待度を予測する「定性評価」の2つの手法がある。以下、それぞれの特徴について述べる。

①　定量評価

　定量評価とは、投資信託や年金などのファンドのパフォーマンス評価の一

---

[1]　本テキストp.49参照。

つで、評価機関が独自の統計的手法により、ファンドの過去の運用実績など数値で測れるものを数量的に分析・評価する方法をいう。これには、マーケットとの比較であるベンチマーク比較や、他のファンドとの相対比較であるユニバース比較などがある。

一般に統計的手法により、パフォーマンス評価を行う場合、収益率の計算方法と評価の期間が重要になる。収益率の計算方法には、運用担当者がコントロールできないキャッシュフローの影響を排除した時間加重収益率（ファンドへの資金の流出入が発生するたびに資産を時価評価し直し、キャッシュフローの影響を排除した収益率）などを使用する。また、評価の期間としては、パフォーマンスは短期的には偶然の要素にも大きく左右されるため、中長期にわたる運用実績の検証を行う必要がある。

なお、定量評価は、数値のみで評価するため、客観性が高い一方、将来もそのパフォーマンスが続くかどうかは分からないことから、実際のファンドの評価にあたっては、数値以外の評価である定性評価も合わせて使われる。

② 定性評価

定性評価とは、投資信託や年金資金などのファンドのパフォーマンス評価の一つで、定量的な分析だけでは把握することができない部分を、運用実績以外の要素により検証・評価する方法をいう。具体的には、運用会社の運用体制や意思決定プロセス、運用哲学や運用方針、運用手法や運用プロセス、情報収集と分析の体制、ファンドマネージャーの資質、リスク管理体制、ディスクロージャーの状況などを定性的側面から分析・評価するもので、実際の評価にあたっては、ファンドアナリスト等が運用会社に直接インタビューすることが多い。

なお、プライベートバンカーが実際に運用会社にヒアリングを行うことは現実的ではないので、評価会社の資料を参考にしたり、日本投資顧問業協会が発行する投資運用会社要覧を参考にすることが考えられる。

（図表４－２）定性評価のプロセス

STEP１：情報収集

・公開情報による情報収集
・独自ネットワークによる情報収集

STEP２：調査・分析

・運用会社、運用チーム、運用戦略等の調査・分析
・パフォーマンス分析、ポートフォリオ分析

STEP３：運用者インタビュー

・組織の安定性、運用プロセスの合理性・一貫性の検証
・投資判断の的確性、再現性の検証

STEP４：定性評価レーティング

・同種の運用機関、運用者との比較
・ヒストリカルな評価による比較

第4章　資産運用の管理と情報収集

2 情報収集

(1) アセット・アロケーションの情報収集

　基本ポートフォリオを作成するにあたって、参考になるのが、年金積立金管理運用独立行政法人（GPIF）の運用である。設立目的は厚生年金保険事業及び国民年金事業の安定に資することであり、具体的には公的年金制度の年金積立金の運用を行っている。長期的な観点からの分散投資に努めており、公的年金の運用という観点から基本ポートフォリオの考え方について公開している。基本ポートフォリオが編成されたときの状況を解説しているので、アセット・リロケーションを行う場合の事例として参考となる。

　そもそも公的年金給付費は、名目賃金上昇率に連動して増加する制度設計となっている。その結果、リスク水準を国内債券による市場運用のリスクと同程度に抑えつつ実質的な運用利回り1.1％（名目運用利回り3.2％）が確保されるように基本ポートフォリオを策定している。

GPIFの中期計画における基本ポートフォリオ（2006年度〜）

		国内債券	国内株式	外国債券	外国株式	短期資産
基本ポートフォリオ	資産構成割合	67％	11％	8％	9％	5％
	乖離許容幅	±8％	±6％	±5％	±5％	−

　その後、実質的な運用利回り（積立金の運用利回りから名目賃金上昇率を差し引いたもの）である1.7％を長期的に確保することに中期目標が変更されたため、次のとおり2014年10月より基本ポートフォリオを変更している。

		国内債券	国内株式	外国債券	外国株式
基本ポートフォリオ	資産構成割合	35％	25％	15％	25％
	乖離許容幅	±10％	±9％	±4％	±8％

　この変更の経緯とその前提条件の解説もホームページに掲載されている。財政検証を行った結果、実質的な運用利回りが1.1％から1.7％へ変更された。これまでのように長期均衡状態のみを前提とするのではなく、フォワード

99

ルッキングなリスク分析を踏まえ、財政検証と整合性をとる。つまり、以下の図のような将来のキャッシュアウト（フォワードルッキング）を想定して運用する。

（図表4-3）財政検証による予定積立金額の推移（イメージ）

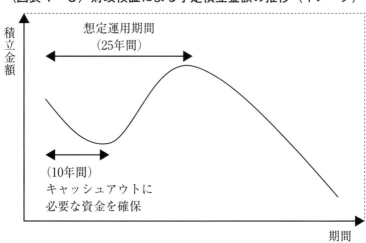

（出所：GPIFホームページ「基本ポートフォリオの考え方」）

　まず、図のように積立金の水準は、しばらく低下したのち、いったん上昇に転じ、概ね25年後に最も高くなった後、継続的に低下する。そのため、継続的に積立金を取り崩していく局面では流動性の確保に重点を置く必要があるなど運用の条件が異なることから、想定運用期間は積立金の水準が最も高くなり、継続的に低下が始まる前までの25年間とした。つまり、これまでのようにゴーイングコンサーンを前提とした運用ではなく、キャッシュアウトの状況が異なる期間を区別して、当面は25年間を運用期間として運用する。このようにキャッシュアウトする状況を考慮すると、想定する運用期間が異なり目標数値も変化することになる。

　この前提で、リスク・相関係数[2]の設定を行い、基本ポートフォリオを導き出している。ここでは割愛するが、名目賃金上昇率を下回る確率（以下「下方確率」）、名目賃金上昇率を下回るときの平均不足率（以下「条件付平

2　本テキストp.66（図表3-5）「リスク、相関係数の設定」参照。

均不足率」）などを推計し、制約条件を「外国株式≧外国債券」とし、目標（名目賃金上昇率＋1.7％）を満たしつつ、その一方で、下方確率が全額国内債券に運用した場合を下回り、かつ条件付平均不足率が最も小さいポートフォリオを選定するなどの工夫をしている。

このように、公的年金資金の運用は基本ポートフォリオを作成するにあたって参考となる。

(2) 投資信託からの情報収集

投資信託協会では投信総合検索ライブラリーで投資信託の各種情報を提供している。銘柄情報、騰落率、積立投資計算、基準価額、販売会社などの情報が検索できる。たとえば、騰落率を期間指定できるので、複数の期間でパフォーマンスを計算できる。基準価額はもちろん目論見書や運用報告書もダウンロードできる。

（図表４－４）投信総合検索ライブラリー

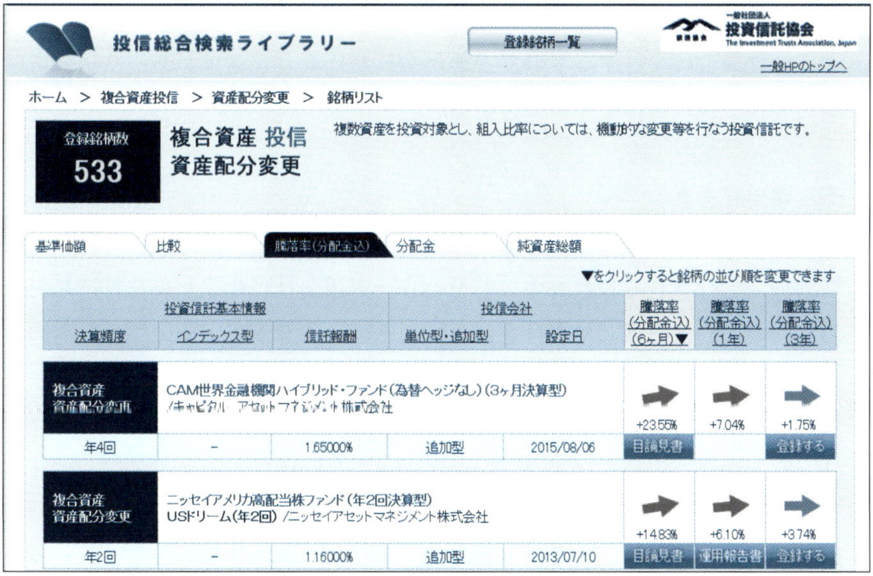

（出所：投資信託協会「投信総合検索ライブラリー」）

① 目論見書

目論見書とは、株式や債券、投資信託などの有価証券の募集あるいは売出

しに際して、投資家に交付する有価証券の内容や、募集または売出しの条件を記載した書類のことをいう。発行者名や事業内容、資本構成、財務諸表、手取金の使途等の発行者に関する情報、発行総額、発行価格、利率、払込日、満期日等の発行する有価証券に関する情報、および引受人名、引受額、手数料等の引受に関する情報などが記載されている。

　一般に目論見書は、投資家に対して、投資判断の基準となる重要な情報を提供することが目的であり、販売会社を通じて投資家に交付することが義務付けられている。また、投資判断の基礎資料となる目論見書の重要な事項について虚偽の表示がある、または重要な事実の表示が欠けている時は、発行者および当該目論見書を使用して有価証券を取得させた者は損害賠償責任を負う。

　なお、投資信託の目論見書には、交付目論見書と請求目論見書の2種類がある。交付目論見書は、基本的な情報が記載されており、投資家に必ず交付しなければならないもので、運用会社が作成し、販売会社が投資家に交付する。請求目論見書は、追加的な詳細情報が記載されており、投資家から請求があった場合に交付するもので、運用会社が作成し、請求があった場合には、販売会社が投資家に直ちに交付する。

②　運用報告書

　運用報告書は、投資信託の期中の運用状況を投資家に伝えるために、決算期末毎に発行される報告書のことをいう。運用会社に作成が義務付けられており、販売会社を通じて交付される。例えば、決算が年1回のファンドの場合は1年ごとに交付される。また、毎月決算型（毎月分配型）のファンドに代表される短期間（6カ月未満）で決算を行うファンドについては、6カ月に一度と法令で定められている。

　一般に運用報告書には、運用期間中の金融市場に対する見方、信託財産の内容、有価証券の売買状況、運用損益、コスト、基準価額や分配金の状況、今後の運用方針などが記載されており、投資家がファンドの運用経過や運用実績などを知るために重要なものとなっている。

(図表４－５）運用報告書（例）

（１万口あたりの費用明細）

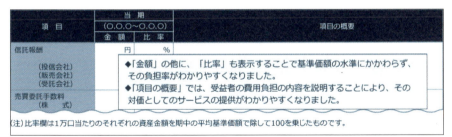

（代表的な資産クラスとの比較）

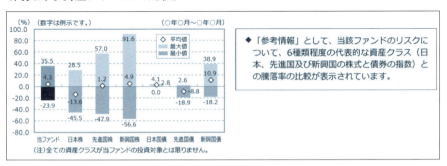

（最近５年間の基準価額などの推移）

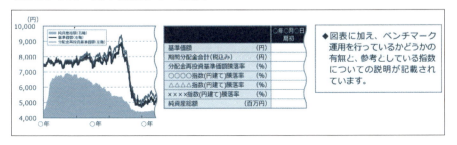

（当該投資信託のデータ）

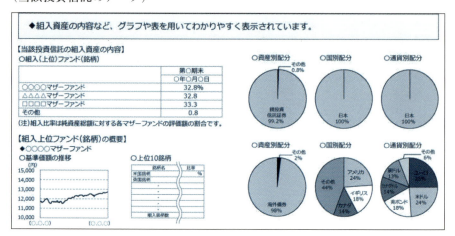

（出所：投資信託協会「運用報告書」）

③ 騰落率

投資信託の騰落率とは基準価額が一定期間で何％変化したかを示している。投信総合検索ライブラリーでの計算式は以下のとおり分配金を含んでおり、年率換算している。つまり、分配金は顧客に支払われるものであるが再投資したものとして計算している。

$$騰落率 = \frac{（終了日基準価額 - 開始日基準価額）+ 期間中の分配金累計}{開始日基準価額} \times \frac{365}{開始日から終了日までの日数}$$

※日数は開始日と終了日の両端を含んだ日数

(3) 投資政策書と情報収集

　投資政策書の作成にあたって、顧客のリスク許容度に関する情報収集については、テキスト「プライベートバンキング上巻」[3]に詳しい。

(図表4－6) 顧客のリスク許容度を測定するための考慮要素

要素	内容
運用対象期間	現在の年齢と生命表による余命により、運用対象期間が決まり、運用対象期間が長い場合、リスク許容度が高くなる。
保有資産の流動性	保有資産の流動性が低い場合、さまざまな支払いに備えた流動性を確保する必要があるため、リスク許容度が低くなる。
負債依存度	借入金等による負債依存度・利払い負担が大きい場合は、リスク許容度が低くなる。
収入・支出の見積り	資産運用以外の収入で支出がどの程度カバーされているか、収入の安定性はどうか。資産運用以外の収入による支出カバー率、収入の安定性が高ければ、リスク許容度は高くなる。
保険	顧客に万が一のことがあった場合の家族の生活費、相続税の支払いがどの程度保険でカバーされているか。保険によるカバー率が高ければ、リスク許容度は高くなる。
運用に対する考え方	元本の安全性と値上がり益追求のトレードオフに関する考え方。元本の安全性を重視する場合、リスク許容度は低くなる。
期待収益率と予想リスク	期待収益率と予想リスクは比例するため、顧客が望むバランスを考慮。顧客が望む期待収益率・予想リスクが高い場合、リスク許容度は高くなる。

（出所：プライベートバンキング上巻「第2章　WM（ウェルスマネジメント）　**2**(6)顧客のリスク許容度を測定するための考慮要素」）

　このリスク許容度の情報から基本ポートフォリオの構築と投資信託の選定を行い、その理由を掲載した後、運用モニタリング、さらには顧客とのコミュニケーションの方法を記載し、定期的に顧客とミーティングを持ち信頼を獲得する。そのための有力なツールが投資政策書である。

---

[3]　プライベートバンキング上巻「第2章　WM（ウェルスマネジメント）　**2**投資政策書(6)リスク許容度」参照。

第5章 **株式**

【本章のねらい】

　プライベートバンカーにとって株式を学ぶ理由は二つある。一つは顧客の事業を支えている自社株としての株式を理解すること、もう一つは資産運用の投資対象としての株式を理解することである。

　オーナー経営者がオーナーである根拠は自社株を保有しているからであり、株式を保有することで企業のさまざまなシーンでさまざまな課題が生じる。事業承継、増資、M&A、デットエクイティスワップ[1]などである。これらがどのように生まれ、またどのように対処すればよいかを知るには、株主の権利をまず理解しなくてはならない。

　また、投資対象として株式を考えたとき、株式は、預貯金や確定利付証券等に比べて期待リターンが大きい一方で、価格変動リスクも大きい金融商品であるという特徴がある。プライベートバンカーには顧客がどうしてこのような価格変動リスクのある金融商品へ投資する必要があるのか説得力のある説明が求められる。金融商品としての株式の特徴を十分に把握し、株式の評価尺度、株式の評価（理論株価の考え方）から、運用手法までを理解することが顧客への説得力を持つとともにプライベートバンカーとしての自信につながる。さらに投資家目線でこの内容を顧客に理解してもらうことは上場会社の経営者となった顧客の会社が投資家から選ばれる会社となることにもつながる。株式は、顧客とともに成長するプライベートバンカーには必須の知識である。

---

[1] 債務の株式化のこと。デット（債務）とエクイティ（株式）を交換し、企業の債務を株式化することで財務を改善する手法。

第5章　株式

1 株式を保有することの意味

(1) 株主の権利

　株主の法律上の権利は自益権と共益権の二つに分類できる。自益権は法人として会社から利益が生じたときに配当を受け取る剰余金配当請求権、会社が解散した場合に財産を受け取る残余財産分配請求権、株式買取請求権などがある。もちろん、これらの権利は主張すれば必ず実現されるわけではない。株主総会の決議により利益をすべて内部留保して成長の原資にすることもあるし、会社が解散時に債務超過の場合には、株主には残余財産の分配がないというケースもある。

　また、共益権とは会社の経営に参加する権利で、具体的には株主総会の議決権が中心である。(**図表5-1**) は会社法での株主の主な共益権を一覧にしたものである。発行済み株式数に対しての持ち株比率と保有期間に応じて株主としての権限が規定されている。ここでも権利はすべて実現するという保証はない。株式の10%を保有し会社解散を請求して残余財産を請求したと

(図表5-1) 会社法での株主の主な共益権

持株比率	保有期間	株主の権限	条文
1%以上	6ヶ月以上	株主総会の株主提案権	303 I II
1%以上	6ヶ月以上	株主総会の検査役選任請求権	306 I II
3%以上	6ヶ月以上	株主総会の招集請求権	297 I
3%以上	なし	業務の執行に関する検査役選任請求権	358 I
3%以上	なし	取締役等の責任免除に対する異議権	426 V
3%以上	なし	会計帳簿の閲覧権	433 I
3%以上	6ヶ月以上	取締役の解任請求権	854 I
10%以上	なし	会社解散請求権	833 I
定足数 (過半数) から50%超	なし	株主総会の普通決議 例：取締役の解任・選任、配当、事業譲渡など	309 I
定足数 (過半数) から2/3以上	なし	株主総会の特別決議 例：定款変更、合併など	309 II

(出所：弁護士法人海星事務所　澤井康生作成)

しても株主総会の決議で否決されれば会社は解散されることはない。ただ、過半数を保有してしまえば、他の株主に影響されることなく取締役の解任や選任ができるなど、実質的に経営を行うことが可能となる。このように株主の権利を理解することは会社の運営にとって重要な要素である。

(2) 非上場企業オーナーにとっての株式

　創業時に株式会社として設立し、上場しないまでも堅実に経営を重ね、地域の優良企業として銀行の信頼も厚い企業は多く存在する。そのような経営者を顧客に持つプライベートバンカーがアドバイスすべきことにはどのようなものがあるだろうか[2]。

　まず、株式の譲渡制限をどのように活用するかという問題がある。たとえば、創業時からの経営者の片腕である役員に株式を保有させることはよくある。世代交代とともにこの役員の保有する株式が子供に相続されるが、子供は会社の事業に関係しないため、悪意のある第三者に譲渡してしまったためにトラブルになることがある。そのため、株式を譲渡制限株式に変更するよう株主総会で決議しておくことなどの対策が必要となる。これは事業承継時には後継者に株式を集中させやすいなどのメリットがあるが、相手に悪意のある場合、いわゆる相続クーデター[3]が発生する場合があるので、実際の手続きは弁護士に相談するのがよい[4]。

　そのほか、中小企業経営者にとって永年の懸念であった自社株の相続資金準備の問題も平成30年税制改正「事業承継時の贈与税・相続税の納税を猶予

---

[2] プライベートバンキング下巻「第5章　信託・エステートプランニング**4**(2)③顧客タイプによるエステートプランニングの基本的考え方、**5**(2)①会社のガバナンス」参照。

[3] 譲渡制限があっても譲渡承認請求権や株式買取請求権を主張される。この対処を誤れば悪意のある第三者に譲渡されることになる。また全株式に譲渡制限がついている場合、創業者以外の株主が3％以上保有していると、株主総会を招集して創業者から多数の株式を相続した後継者に対して売渡請求を求めた場合、多数の株式を保有している後継者はこの決議に参加できないため相続クーデターが起こる。

[4] プライベートバンキング下巻「第7章　職業倫理PB職業行為基準7　資格・認可を要する業務上の制限」には常に留意しなければならない。

する事業承継税制[5]」で回避が可能となった。この税制改正は10年間限定の特例措置である。この事業承継税制を受けるためにはさまざまな要件があるが、そのうち次世代経営者への引継ぎ要件が緩和された。かつては一人の先代経営者から一人の後継者へ贈与・相続される場合のみが対象であったが、親族外を含む複数の株主から、代表者である後継者（最大3人）への承継も可能になった。自社株の株主政策の自由度が高まったといえる。プライベートバンカーには顧客の思いをどのようにこの株主政策に反映させるようアドバイスするかが期待されている。

非上場企業オーナーが相続税評価の際に使用する代表的な株式評価方式

①	配当還元方式	対象会社の過去2年間の配当金額を10％の利率で還元して株式の評価額を求める方式。
②	純資産価額方式	対象会社の資産から負債及び評価差額に対する法人税相当額を控除して得た純資産により株式の評価額を求める方式。
③	類似業種比準方式	対象会社と事業内容が類似した上場会社の1株当りの「配当金額」「利益金額」「純資産価額」の3つの比準要素を基に株式の評価額を求める方式。

(3) 上場企業経営者にとっての株価

　株式を上場する際に、持ち株を放出し創業者としての上場利益を得たという話はよくある。この話を聞いた顧客からプライベートバンカーに「上場したほうがいいのか」という漠然とした質問をされる場合がある。上場できるかどうかの具体的な話は幹事証券会社に任せるとしても、プライベートバンカーとして「上場すると経営者にどんな変化がおこり、そのために経営者はどのような心構えが必要か」という問いに答えられなければ信頼を得られな

5　変更の要点は①対象株式数・猶予割合を80％から100％に拡大②対象者の拡大③雇用要件の弾力化（5年間で平均8割以上の雇用要件を未達成の場合でも猶予を継続可能）④新たな減免制度の創設（経営環境の変化により株価が下落した場合でも、承継時の株価を基に贈与・相続税を計算したものについて売却額や廃業時の評価額を基に納税額を再計算し、事業承継時の株価を基に計算された納税額との差額を減免。猶予取消し時に過大な税負担が生じないように相続時精算課税制度の適用範囲を拡大）である。

い。そのためにも投資家の視点から選ばれた会社とはどんな会社なのかを顧客に説明する必要がある。

まず、株式が取引所で公開され自由に売買されるようになると、企業価値を高められない株式は売却されることになる。投資家が株式を保有する目的が純粋に投資目的なら、インカムゲインやキャピタルゲインを目的に投資している。つまり、配当目的か売却益目的である。利益が出たときに配当を増加させるか、内部留保して企業価値を高めるための資金とするか、経営者は株主に経営計画を説明し理解を得る必要がある。これを怠ると、株価が下がれば保有している株式の価値が毀損されるだけではなく、買収される可能性が高まる。また、逆に、他社を買収しようとする場合、他社の株価が下がれば自社の株式交換比率が高まるので買収コストが低下することになる。一定の資金を調達するため増資するにしても、株価が下落すれば株価が高い場合と比較して、多くの株式数を必要とすることになる。このため、経営者は株価の下落を放置することはできない。

つまり、上場すれば経営者は投資家から常に企業価値を高める努力が求められることになる。確実に銀行に返済を行い従業員に給与を支払うというだけでは投資家の期待に応えることはできないので、投資家が期待するリターンが実現するような経営努力が必要となる。なぜなら、投資家は預金にも債券にも、またその他のあらゆる金融商品への投資が可能な中で、顧客が経営する（株式に価格変動リスクのある）会社に投資してもらうには、無リスク資産のリターンを超えるリスクプレミアムへの期待に応えることが必要だからである。

では、投資家から選ばれる会社とはどのような会社か。会社の経営成績をみる指標としてROAとROEがある。

① 総資本利益率（ROA）

利益を総資本（総資産）で割ったものを総資本利益率（ROA；Return On Asset）という。これは、企業が全ての資本を利用して、どれだけの利益を上げているかを示す総合的な収益の財務指標である。分子の利益には、営業利益、経常利益、事業利益、当期純利益などが使われ、それぞれ、総資本営業利益率、総資本経常利益率、総資本事業利益率、総資本当期純利益率と定

第5章　株式

義される。

ROAは、企業が持っている総資本が利益獲得のためにどれだけ有効に活用されているかを表すことから、企業の収益効率をチェックする指標としてROEと共によく利用される。

$$総資本利益率（ROA）= \frac{利益}{総資本}$$

なお、ROAは以下の2指標に分解できる。

$$ROA = 売上高利益率 × 総資本回転率$$
$$\frac{利益}{総資本} = \frac{利益}{売上高} × \frac{売上高}{使用総資本}$$

②　自己資本利益率（ROE）

利益を自己資本で割ったものを自己資本利益率（ROE；Return On Equity）という。これは、企業の収益力を判断する財務指標の一つで、自己資本を使って、どれだけ効率的に多くの利益を生み出すことができているかを表すとともに、自己資本がどれだけ高い成長力を持つかを表している。分子の利益には、通常、当期純利益が使われる。

一般に、株価の動きには、その時々の経済環境や投資家のさまざまな思惑が絡むため、短期的にはROEが示す企業の利益成長力が株価に反映されるとは限らないが、長期的には株価の値上がりと配当収入を合わせたトータルリターンは、ROEと密接に関連していることが確認されている。

$$自己資本利益率（ROE）= \frac{当期純利益}{自己資本}$$

ROAもROEも分子は利益である。その違いは分母が株主の提供した自己資本か他人資本である貸付を含めた総資本かの違いにある。資金調達の違いと利益を対比して経営者の経営能力を評価しようという考え方である。

経営不振をどのように改善したらよいのか。たとえば、ROEを3指標に

111

分解して他社と比較してどこを改善すべきなのかを明確化して経営戦略を立
案することができる。

$$ROE = 売上高利益率 \times 総資本回転率 \times 財務レバレッジ$$
$$\frac{利益}{自己資本} = \frac{利益}{売上高} \times \frac{売上高}{使用総資本} \times \frac{使用総資本}{自己資本}$$

　利益率が劣るなら商品単価つまり商品の利益率や商品ラインナップを見直
す必要があるだろう。回転率を上げる方法は2つ、売上を伸ばすか使用総資
本を削減することだ。ホテル旅館業なら稼働率を上げるか無駄をなくすため
に空いたスペースをレストランや催事、リラクゼーション施設として活用す
ることが考えられる。財務レバレッジを高めるには余剰資金を配当や自社株
買いに回すことで、自己資本を減らす。同業他社と比較するとともに時系列
で分析すれば、経営者がどこに配慮して経営をしたか苦心の跡を読み取るこ
とができる。

　無駄な借入金を返済するのは当然だが、経営の成長にドライブをかけるべ
き時期には資金を調達して使用総資本を増加させることも必要である。投資
家の期待リターンは借入利子率よりも大きいので[6]、借入を増加させて使用
総資本を増加させることとなる。ただし、自己資本との対比で負債を増加さ
せすぎると企業の信用力が落ちることになる。そこでインタレスト・カバ
レッジ・レシオを活用して適正化を図る。

③　インタレスト・カバレッジ・レシオ
　インタレスト・カバレッジ・レシオは、会社の借入金等の利息の支払能力
を測るための財務指標で、金融費用（支払利息・割引料）に対する事業利益
（営業利益と受取利息・受取配当金の合計）の倍率をいう。これは、企業の
信用力（安全性）を評価するための指標で、年間の事業利益が金融費用の何
倍であるかを示し、金融機関が融資を行う際や格付会社が社債等の格付けを

---

[6] 株価の価格変動の大きさ、つまり、価格変動リスクと企業の信用リスクを考慮した金
利を比較すれば、通常、期待収益率の方が借入利息の金利よりは高いことがわかる。

行う際に重視している。

　一般にインタレスト・カバレッジ・レシオの倍率が高いほど、有利子負債の返済の安全度が高く、会社の金利負担能力が高い（財務的に余裕がある）ことを示す。

$$インタレスト・カバレッジ・レシオ = \frac{営業利益 + 受取利益・配当金}{支払利息・割引料}$$

　つまり、インタレスト・カバレッジ・レシオに注意しながら効率経営を行う必要がある。そもそも、一年間の経営成果である当期純利益をどのように配分するかは株主総会の重要な決議事項である。配分には社外流出と内部留保がある。配当として社外流出[7]すればその資金は株主のインカムゲインとなる。一方、内部留保して利益剰余金として株主資本に組み入れれば、その資金を活用して企業の成長に役立てることができる。配当として株主に還元すべきか内部留保して企業価値の成長に資金を回すかを決定するのが株主総会の決議である。企業価値向上のために確かな戦略を投資家に訴えるIR（Investor Relations）活動でいかに内部留保が必要で成長に役立つかを訴えかける必要がある。内部留保がどのように成長に役立つかの指標としてサスティナブル成長率がある。

④　サスティナブル成長率

　企業活動におけるサスティナブル成長率とは、外部資金調達を行わずに、内部投資のみで実現できる成長率のことをいう。企業の成長を支えるのは、内部に再投資した資本が生み出す利益やキャッシュフローであることから、持続的な成長を示す指標として重視されている。

　例えば、ROEを10％、配当性向を60％とすると、毎期の投下資本は，内部留保の分だけ増加することから、サスティナブル成長率は10％×（1－0.6）＝4％となる。

---

[7]　社外流出には配当のほかに税金、役員報酬などがある。ここでの社外流出とは単純に資金が社内に残るか出ていくかの違いを表現している。

$$
\begin{aligned}
\text{サスティナブル成長率} &= \text{ROE} \times \text{内部留保率} \\
&= \text{ROE} \times (1 - \text{配当性向})
\end{aligned}
$$

(4) M&A

① 成長戦略としてのM&A

　事業承継としてのM&Aをどのように活用するかは他で説明済み[8]である。そこでは、事業承継では誰が経営を担うのか、顧客であるファミリーが事業とどのようなかかわり方をするかあるいはしないのか、税務的な影響を含めて事業承継策のメリット・デリメットを説明している。

　ここでは成長戦略としてのM&Aの活用方法を説明する。M&Aとは直訳すれば企業の合併や買収であり、買収側の企業は敵対的なM&Aで公開買い付け（TOB）を行いそれに対して買収される側の企業のためにホワイトナイト[9]が現れる展開をイメージする人は多い。だが、買収される側の株主が買収する側の企業の株主になることを承諾している友好的なM&Aや、株式の移動を伴わない、いわば、広義のM&Aが存在する。技術提携やOEM提携など業務提携から発展してお互いの会社の状況を把握しながら本格的な資本提携に進む場合も多い。企業を成長させる過程の中で内部資源では保持できていない技術、エリア、販売先などを補う方法として活用されている。

　次頁の図は広義のM&Aをまとめたものである。

---

[8] プライベートバンキング上巻「第2章　WM（ウェルネスマネジメント）**6**事業承継」参照。

[9] 敵対的な買収者に対抗して友好的な買収者のことを白馬の騎士になぞらえたもの。

第5章 株式

(図表5-2) M&Aの種類

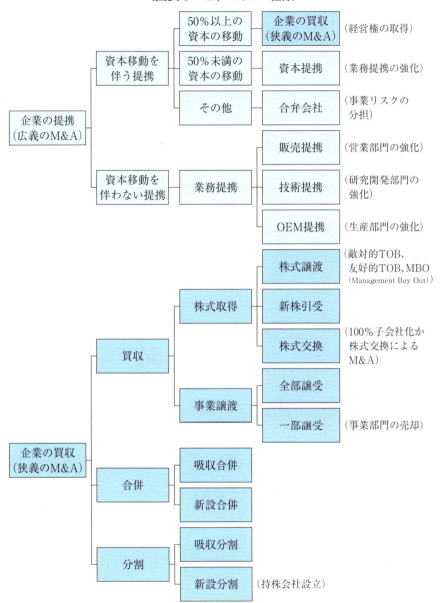

(出所:「ファンドマネジメントのすべて」三好秀和編著 「第1章 2.M&A」光定洋介執筆)

本来、成長戦略として企業買収を選ぶときは、投資としての採算性がある
かどうかを判断しなければならない。M&Aで用いられる企業価値の評価方
法は「❷株式の評価尺度」で説明する。M&Aの一般的な流れと対抗策につ
いて説明する前に、企業の成長サイクルを理解しよう。

② 企業の成長サイクル

　プライベートバンカーであれば顧客企業が成長サイクルのどの段階にある
かを考えてほしい。そして、オーナーが将来企業をどのように成長させよう
としているかを考え、顧客とともにオーナー経営者の夢の実現に向かって歩
んでいきたい。下図は企業の成長サイクルの概念図である。創業から第2の
創業を行いさらなる発展を描いている。

（図表5－3）企業の成長サイクルの概念図

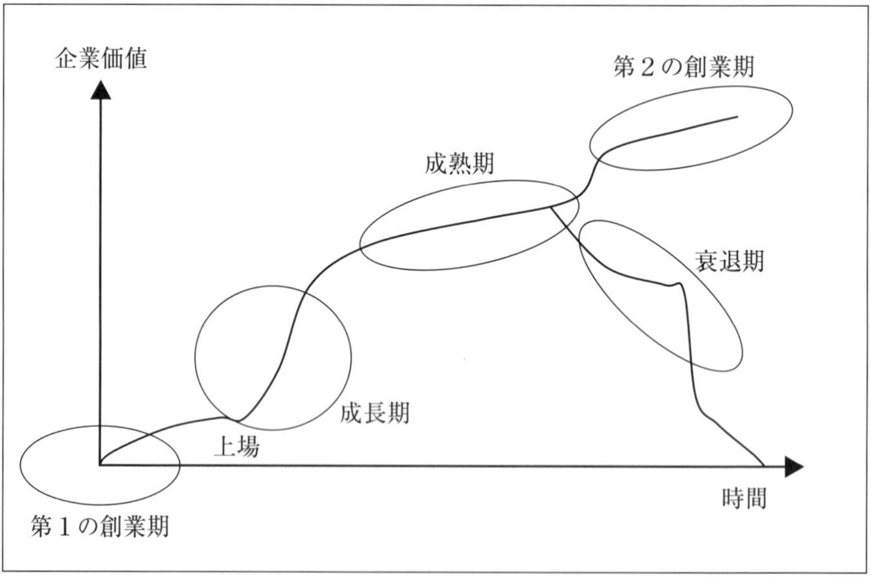

　この成長過程でキャッシュフローが必要な時期、つまり、事業運営が順調
で売り上げは確保できていてもキャッシュフローが不足する段階がある。次
の成長の段階に行くためにキャッシュフローが不足する段階がある。さらに、
成熟期に入り利益が上がりキャッシュフローに余力がある段階がある。この
時にさらなる成長を遂げるために新製品開発や成長のためのM&Aを実施し

第5章　株式

なければならない時期がある。この第2の創業に失敗した場合、事業再生を
することも必要となる。これらのそれぞれの段階でどのようなアドバイスが
できるかプライベートバンカーの力量が問われている。

③　M&Aの一般的な流れ

　M&Aでは、法的には対象の会社の株式の取得、合併、分割、株式交換、
株式移転（新会社設立）、公開買い付けなどの手法を選択する。どのような
手法を利用するかはM&A後の経営戦略、つまり、何のためのM&Aなのか
による。M&Aの目的が事業再編なのか、新規事業への参入なのか、経営不
振企業の救済なのか、後継者の確保[10]なのか、さまざまな目的のためにM&A
が利用できる。

　また、M&Aは経営戦略の一手法として経営企画部門が担当し、どのよう
な相手企業の候補があるかは証券会社の投資銀行部門やM&Aの仲介会社が
提案する場合が多い。ここで留意してほしいのは、仲介会社が候補先の会社
を紹介しても、必ずしも仲介会社がその候補会社の了解をすべて得ていると
は限らない点である。以下の流れの中で相手企業と秘密保持契約を締結する
までは相手企業が交渉相手としてテーブルに乗っていないと考えるべきだろ
う。M&Aは社内的にも社外的にもデリケートな問題[11]であり、経営者と経
営企画部など特定の部署だけで進められる場合が多い。次頁の図はM&Aの
一連の流れである。

---

[10]　中小企業では後継者不足による廃業で、従業員の解雇を防ぐためにM&Aを活用する
　　場合がある。その場合でも経営者は独断専行せずコアとなる従業員とのコミュニケー
　　ションを大切にしたい。なぜなら、従業員による買収（EBO）の選択肢もあるし、
　　売却後コアな技術や能力をもつ従業員が退出したら企業価値が下がる事態となるから
　　である。

[11]　従業員、取引相手、創業家など経営者以外の反対でM&Aが成立しない場合もあるこ
　　とを考えれば明白である。

（図表５－４）M&Aの流れ

①	買収先企業とのコンタクト	仲介業者が対応する場合も
②	守秘義務契約を締結	
③	情報を入手して分析	案件として検討するかどうか判断
④	買収ストラクチャーを決定	シナジー効果、ポストM&A検討
⑤	買収価格を算定	マルチプル法、DCF法など
⑥	一次交渉、基本合意書LOI（Letter of Intent）を締結	
⑦	デューデリジェンス	財務・法律上の調査
⑧	最終交渉、契約締結作業	フェアネスオピニオンの取得
⑨	最終合意	

　デューデリジェンス（M&Aや投資の対象となる企業の価値やリスクなどを調査すること）の段階では資産査定だけでなく隠れた負債や不審な契約書など財務面、法律面での調査が行われる。フェアネスオピニオン[12]を取得しておくと取締役会の決議や株主総会での説明にも有効である。なお、買収価格の算出方法については後述する。

---

[12] 独立して公平な立場にある第三者が調査し、その公正性について財務的見地から意見表明を行うこと。

2 株式の評価尺度
(1) 株価と利益

　上場企業の場合、経営努力は株価にどのように影響するのだろうか。(図表5－5)は利益伸び率(法人企業統計の経常利益伸び率)と株価上昇率(日経平均株価上昇率)を表にしたものである。利益率を伸ばせば株価は上昇していることがわかる。

(図表5－5) 利益伸び率と株価上昇率

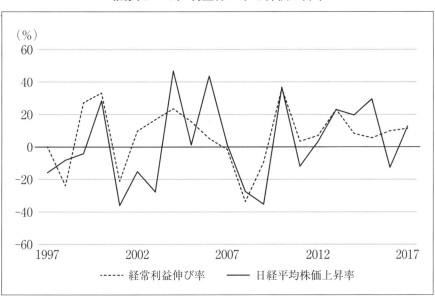

(2) 株価の評価

　このように企業が生み出す利益の成長が株価の上昇をもたらす。将来、株価が上昇するような会社を見つけて株式に投資すればやがて株価が上昇するので、売却すれば売却益(キャピタルゲイン)を、保有すれば配当を得ることができる。このような投資の意思決定をするためには実際に取引されている現在の株価が公正価値(理論価格)と比較して割安か割高かを判定する必要がある。株価と利益を対比して割安割高の判定に役立つものとして株価収益率(PER)がある。

① 株価収益率（PER）

　株価を 1 株当りの純利益で割ったものを株価収益率（PER；Price Earnings Ratio）という。これは、株価が 1 株当たり利益の何倍まで買われているかを示す指標で、数値（倍率）が高いほど割高で、数値（倍率）が低いほど割安とされる。分母の純利益に実績利益が使われると実績PER、予想利益が使われると予想PERと呼ばれる。株価とは 1 株あたりの価格であるので、利益も 1 株あたりに揃えなければ比較できない。そこで 1 株あたりの利益を算出するために利益を発行済み株式数で除すことで 1 株あたりの利益（EPS）が算出できる。

　1 株当り純利益（EPS；Earnings Per Share）は、企業の成長性を見る指標として使われる。過去のEPSの推移を見ることで成長力を分析し、将来の株価を予測するのに役立つ。

$$1 株当り純利益（EPS）= \frac{当期純利益}{発行済株式数}$$

　PERは、株価を利益面（企業業績）から見て割安か割高かを判断する際に使われる投資指標で、例えば、株価が500円で、一株当たり利益が50円ならば、PERは10倍となる。

　一般にPERは、業種や成長段階により水準が異なるため、業種平均との比較や、その会社の過去の数値との比較から、割安か割高かを判断する。どのくらいのPERが妥当かという基準は特になく、グローバルに企業を比較する場合は、各国の税制や企業会計の慣行なども考慮する必要がある。また、新興企業については、その成長性から期待先行で買われ、PERが高くなる傾向がある。

$$株価収益率（PER）= \frac{株価}{1 株当り純利益（EPS）}$$

② 株価純資産倍率（PBR）

　利益が出ていない赤字会社はPERで割安か割高かが評価できない。赤字会

社の安定性を見るために純資産と株価の比較で割安か割高を評価するのが、株価純資産倍率（PBR）である。この算出のためにはまず純資産を発行済み株式数で除すことで一株あたりの純資産（BPS）を算出する。一株当り純資産（BPS；Book-value Per Share）は、企業の安定性を見る指標として使われる。BPSが高ければ高いほど、その企業の安定性は高いといえる。

$$1 株当り純資産（BPS）= \frac{純資産}{発行済株式数}$$

　株価を一株当たり純資産で割ったものを株価純資産倍率（PBR；Price Book-value Ratio）という。これは、株価が一株当たり純資産の何倍まで買われているかを示す指標で、数値（倍率）が高いほど割高で、数値（倍率）低いほど割安とされる。

　PBRは、株価を資産面から見て割安か割高かを判断する際に使われる投資指標で、PBRが1倍未満の株価とは企業が持つ資産価値を株価が下回っていることを意味する。そのため、PBR1倍は株価の一つの下限と考えられ、当面の下値を推定する上では有効である。

　なお、平常時のマーケットでPBRが異常に低い銘柄については、企業の存続自体に問題がある可能性がある。

$$株価純資産倍率（PBR）= \frac{株価}{1 株当り純資産（BPS）}$$

　その他、会計情報を利用した株価の評価指標として、株価キャッシュフロー倍率（PCFR）や株価売上高比率（PSR）がある。

③　株価キャッシュフロー倍率（PCFR）

　株価を一株当たりキャッシュフローで割ったものを株価キャッシュフロー倍率（PCFR；Price Cash Flow Ratio）という。これは、株価が一株当たりキャッシュフローに対して何倍まで買われているかを示す指標で、数値（倍率）が高いほど割高で、数値（倍率）が低いほど割安とされる。

　キャッシュフローは、税引き後利益に減価償却費を加えたものであること

から、減価償却方法の異なる企業の収益力の比較が可能になる。また、PER
と異なり、会計制度の影響を受けにくく、国際的な株式投資の指標として利
用されることも多い。

$$株価キャッシュフロー倍率（PCFR）= \frac{株価}{1株当りキャッシュフロー}$$

④ 株価売上高比率（PSR）

　株価を1株当りの売上高で割ったものを株価売上高比率（PSR；Price to
Sales Ratio）という。これは、株価が1株当り売上高に対して何倍まで買わ
れているかを示す指標で、数値（倍率）が高いほど割高で、数値（倍率）が
低いほど割安とされている。

　PSRは、売上高の増加が株主価値の増加につながる可能性が高い企業の評
価に適している。業種では、小売業等が該当するが、まだ利益水準が低い新
興企業の株価を評価する際に、PERやPCFRの先行指標として利用されるこ
ともある。

$$株価売上高比率（PSR）= \frac{株価}{1株当り売上高}$$

　これまでは株価と会計情報との関係をベースに考えてきた。ただし、株価
が利益等との関係で割安か割高か判断可能だとしても、そのベースとなる会
計情報は一期間にすぎない。次に多期間の利益の水準を株価に反映させるこ
とを考えよう。

(3) 株式の評価（理論株価の考え方）

　多期間の株式評価モデルとして配当割引モデル（DDM）を説明する。一
般に資産の価値は、その資産を保有することによって将来得られるキャッ
シュフローを現在価値に割り引いて計算することができる。この考え方に基
づいて株式を評価したのが、配当割引モデル（DDM；Dividend Discount
Model）であり、普通株式の理論株価は、将来的に予測されるディスカウン

ト済みのキャッシュフローの合計値であるという考え方に基づく。将来的に予測されるキャッシュフローをすべて配当[13]であるとしている。配当割引モデルには、割引率も一株当たり配当も一定であると仮定する定額配当割引モデル（ゼロ成長モデル）と、割引率が一定で一株当たり配当が一定割合で増加すると仮定する定率成長モデルがある。

① 定額配当割引モデル（ゼロ成長モデル）

現在の株価をP、配当金をD、割引率をrとすると、株価Pは以下のように表すことができる。

$$P = \frac{D}{1+r} + \frac{D}{(1+r)^2} + \frac{D}{(1+r)^3} + \cdots + \frac{D}{(1+r)^n} + \cdots$$

ここで、配当金が永続的に支払われると仮定すると、以下の近似式で置き換えられる。

$$P = \frac{D}{r}$$

これを定額配当割引モデル、あるいはゼロ成長モデルという。

例えば、一株当たり配当金が毎年50円、割引率が3％とすると、株価は、以下のように求められる。

$$P = \frac{50円}{0.03} = 1,667円$$

② 定率成長モデル

次に、現在の株価をP、配当金をD、割引率をr、配当金の成長率をgとすると、株価Pは以下のように表すことができる。

$$P = \frac{D}{1+r} + \frac{(1+g)D}{(1+r)^2} + \frac{(1+g)^2 D}{(1+r)^3} + \cdots + \frac{(1+g)^{n-1}D}{(1+r)^n} + \cdots$$

---

[13] 最終利益を外部流出するか内部留保するかという問題は、実際は重要なテーマであるが、ここでは区別をしない。なぜなら、配当として外部流出させた場合はインカムゲインとなって投資家に還元されるが、内部留保されても企業価値が上昇して株価が上がるからだ。

ここで、配当金が永続的に支払われると仮定すると、以下の近似式で置き換えられる。

$$P = \frac{D}{r - g}$$

これを定率成長（配当割引）モデルという。

　例えば、一株当たり配当金が毎年50円、割引率が3％、配当金の成長率を2％とすると、株価は、以下のように求められる。

$$P = \frac{50\text{円}}{0.03 - 0.02} = 5{,}000\text{円}$$

　配当割引モデルでは、無配の場合や、フリーキャッシュフローに比して配当が少ない場合、株式の価値を正確に評価することが難しくなる。そこで、配当の代わりに毎年企業が生み出すフリーキャッシュフローの額を割引いて株式の価値を評価するモデルをフリーキャッシュフロー割引モデルという。

③　フリーキャッシュフロー割引モデル

　フリーキャッシュフローを用いるモデルの式は、フリーキャッシュフロー（FCF）を分子に持ってくるだけで、あとは配当割引モデルと同じである。

$$P = \frac{FCF}{1 + r} + \frac{(1 + g)FCF}{(1 + r)^2} + \frac{(1 + g)^2 FCF}{(1 + r)^3} + \cdots + \frac{(1 + g)^{n-1} FCF}{(1 + r)^n} + \cdots$$

ここで、フリーキャッシュフローが永続的に支払われると仮定すると、以下の近似式で置き換えられる。

$$P = \frac{FCF}{r - g}$$

　なお、フリーキャッシュフロー（FCF）は、純現金収支とも呼ばれ、営業活動による現金収支と投資活動による現金収支を足したものをいう。つまり、企業が自由に使える現金をどれだけ生み出したかを示す指標である。

　また、キャッシュフローを割り引いて資産価値を算出する方法を、一般に割引キャッシュフロー（DCF；Discounted Cash Flow）法という。

配当やキャッシュフローという単一の会計数値を使うことによる不安定さを是正するために考案されたのが、残余利益割引モデル（Discounted Residual Income Model）である。

④ 残余利益割引モデル

残余利益とは、当期純利益から株主資本コストを引いたもの、つまり株主の期待収益率を上回る利益をいう。

残余利益割引モデルは、貸借対照表から株主資本の数値、損益計算書から利益の数値というように複数の会計数値を利用し、株主資本という企業の短期的な業績に影響を受けにくい数値を使うことから、より安定的な株式の価値を評価することが可能になると考えられている。

(4) M&Aでの株式の評価

これまで、市場価格のある株式の評価を説明してきた。ここではM&Aでの企業価値としての株価を考える。

M&Aの取引には市場があるわけではない。株価ボードがあって多数の人々が株価を売り買いしているのではない。相対取引である。したがって相手企業の株主との同意があれば取引は成立することになる。そうはいっても、その取引価格を自社の株主に説明し納得のいく株価で行われた取引でなければ株主代表訴訟の可能性もある。上場会社ならば自社の株主を説得できるだけの理由が必要となってくる。単に規模拡大のためのM&Aでなく補完関係により相乗効果（シナジー効果）が認められるなどの理由が必要となる。特に敵対的な買収を行うとき、さらには救済のために財務内容が痛んでいるときのようなM&Aは会計的な情報から算出した価格よりも割高な価格での取引になる場合が多い。この場合でも株主代表訴訟の可能性も考慮してM&Aを実行する必要がある。では、M&Aでの株価算出方法について説明する。

① EBITDA

EBITDA（Earnings before Interest, Taxes, Depreciation and Amortization）とは、企業価値評価の指標で、金利支払い前・税引き前・減価償却前利益（営業利益に減価償却費を加えたもの）を指す。国際的な企業

価値を比較する場合、金利や、税率、減価償却費の扱いが国によって異なるため、これらの影響を受けないEBITDAは、有用な指標として利用される。また、EV（Enterprise Value）（時価総額に有利子負債を加えたもの）をEBITDAで割った値をEV/EBITDA倍率と呼び、M&A（企業の合併・買収）における評価指標として使われる。企業の買収コストの回収にかかる年数を示し、値が小さいほど割安と評価する。

② マルチプル法

EBITDAは会計原則に則った指標ではないため、過去にさまざまな問題[14]が生じた経緯もあり、現在では複数の指標を用いて評価することが通例である。マルチプル法である。マルチプルとは言葉の定義どおり、複合的なという意味である。EV/EBITDA倍率のほか、PER、PBRなど複数の倍率を用いて企業価値を算出する方法である。その方法は、対象の企業に類似した企業を複数選び、マルチプルな指標（EBITDA、PER、PBRなど）で倍率を計算し、対象企業にそのマルチプル倍率を乗じることで企業価値を求めるものである。

この方法は簡単に会計の公開情報で計算可能な点がメリットであるが、選定する類似企業により数値が異なってくるという問題がある。企業の成長ステージが異なっていたり、バリューチェーンの中で得手不得手があったりするので、業種が同じだけで類似対象企業とすることはできない。さらに、この方法は一期間の会計情報である点も問題となる。複数期間を対象に企業価値を計算する方法としてはDCF法がある。

③ DCF法

DCF法はM&Aでの企業価値算出のいわば動的な計算手法として代表的な

---

[14] 2002年に破綻した米国のワールドコム社はEBITDAを過大評価させるために設備投資としてリース代金を計上した。販売費および一般管理費であるリース代金を設備投資に計上することで減価償却費を増大させればEBITDAは膨らむ。この過大評価によって株価が評価され問題となった。

方法である。フリーキャッシュフローや加重平均資本コスト[15]（WACC；Weighted Average Cost of Capital）を用いて計算する方法である。将来生み出すであろうキャッシュフローを推定し、WACCを用いて現在価値を計算する。

(5)　投資判断の方法

　ここで取り扱う投資判断とは多岐に及ぶ。例えば、工場建設、広告効果、人件費増などである。M&Aの投資判断を行う場合も同様の考え方である。投資した金額に見合ったリターンが得られたのか、そのリターンは企業価値向上に役立ち株価を上昇させる源泉になるのか。ここで説明するそれぞれの方法を理解しながら考えてほしい。

　設例として、1,000万円の宣伝広告費で、CMを打つ場合（A案）と全国でイベントを開催する場合（B案）である。この効果により得られるキャッシュインは以下のとおりである。

（単位：万円）

		1年後	2年後	3年後	4年後
A案	キャッシュイン	800	300	100	50
	累計	800	1,100	1,200	1,250
B案	キャッシュイン	500	400	400	200
	累計	500	900	1,300	1,500

①　期間回収法

　期間回収法とは、投資した金額が何年で回収できるかを計算し、その期間の短い方を選択する方法である。投資判断の意思決定について伝統的に行われてきた方法である。

　先ほどの例での累計をみて回収期間を計算する。

　A案の回収期間は、1年と$(1100-1000) \div 300 \times 12 \fallingdotseq 3.9$か月

　B案の回収期間は、2年と$(1300-1000) \div 400 \times 12 = 9$か月

---

[15] 借入にかかるコスト（負債コスト）と株式での調達にかかるコスト（株主資本コスト）を加重平均したもの。企業が最低限あげなければならない期待（要求）収益率と一致する。

となり、A案の方が投資した金額の回収は短いために採用されることになる。しかし、累計額が大きいのはB案の方で差額は250万円である。もっともこの差額を超える価値が早期資金回収にあると考えるならばA案を選択するだろう。このように期間回収法では回収期間に焦点があたっている。全期間を意思決定の判断にしようとする方法には以下の2つがある。

② 内部収益率法

現在価値と将来キャッシュフローの予想から割引率を導く。これを内部収益率（IRR；Internal Rate of Return）といい、投資に対する将来のキャッシュフローの現在価値の累計額と投資額の現在価値の累計額が等しくなる場合の割引率のことをいう。つまり、IRRは正味現在価値（NPV）がゼロとなる割引率を指し、投資プロジェクトの評価指標として活用される。

投資金額C_0に対して、毎年キャッシュCを回収し、n年後に投資物件をC_nで売却する場合のIRR（r）は、以下の式から求められる。

$$\frac{C_1}{(1+r)} + \frac{C_2}{(1+r)^2} + \cdots + \frac{C_n}{(1+r)^n} - C_0 = 0$$

例えばA案、B案それぞれのIRR（r）は以下のように求められる。

（A案）

$$\frac{800万円}{(1+r)} + \frac{300万円}{(1+r)^2} + \frac{100万円}{(1+r)^3} + \frac{50万円}{(1+r)^4} - 1,000万円 = 0$$

これを解くと、A案IRR（r）≒16.35％

（B案）

$$\frac{500万円}{(1+r)} + \frac{400万円}{(1+r)^2} + \frac{400万円}{(1+r)^3} + \frac{200万円}{(1+r)^4} - 1,000万円 = 0$$

これを解くと、B案IRR（r）≒21.33％

したがって、B案の方が採択される。資本コスト（資金調達コスト）を考慮して決定する場合は、IRR（r）が資本コスト（資金調達コスト）より高ければ投資すべきであり、低ければ投資すべきでないと判断する。資本コストが10％であれば両方の案が採択されるし、25％ならどちらも採用されないということになる。

第5章　株式

　ただし、キャッシュフローの正負が2回以上逆転するときは、複数の解が生じたり、解そのものが存在しないことがあることに注意してほしい。例えば、キャッシュフローが、1年後−100万円、2年後＋230万円、3年後−132万円の場合、10％と20％の2つの解を得る。このような場合に備え、あらかじめ投資するために必要な割引率を設定する方法が正味現在価値法である。

③　正味現在価値法

　正味現在価値（NPV：Net Present Value）とは、投資した資産が生み出す将来的なキャッシュフローを現在価値に割り戻した上で、資産を取得するときに支払った金額を差し引いたものをいう。

　投資をする際に、NPVがプラスであれば、投資を行うという意思決定方法のことをNPV法という。投資をするということは、その投資が将来生み出すであろうフリーキャッシュフローを購入することと同義である。そのときの判断基準は、投資が生み出すであろう将来のフリーキャッシュフローの現在価値の合計と投資額を比較して、投資額の方が低ければ投資をすることになる。

　つまり、投資が将来生み出すキャッシュフローの現在価値（キャッシュインフローの現在価値）と、投資に必要なキャッシュフローの現在価値（キャッシュアウトフローの現在価値、つまり投資額）を比べ、前者のほうが大きい場合は投資すべきとなる。この両者の差、すなわち「キャッシュインフローの現在価値」から「キャッシュアウトフローの現在価値」を引いたものを正味現在価値（NPV）という。

$$NPV = \frac{C_1}{(1+r)} + \frac{C_2}{(1+r)^2} + \cdots + \frac{C_n}{(1+r)^n} - C_0$$

　例えばA案、B案においてr＝20％とすれば以下のように求められる。

（A案）

$$\frac{800万円}{(1+0.2)} + \frac{300万円}{(1+0.2)^2} + \frac{100万円}{(1+0.2)^3} + \frac{50万円}{(1+0.2)^4} - 1,000万円 \fallingdotseq -43.02$$

（B案）

$$\frac{500万円}{(1+0.2)} + \frac{400万円}{(1+0.2)^2} + \frac{400万円}{(1+0.2)^3} + \frac{200万円}{(1+0.2)^4} - 1,000万円 \fallingdotseq 22.38$$

　以上のように、A案はマイナスでありB案はプラスであることからB案が採用される。ここでr＝20％はそれぞれの会社で設定する目標値である。会社が投資する判断として越えなければならないレートであるので、ハードルレートと呼ばれる。上場企業では資本コストをベースに決定される場合が多い。

　以上3つの方法を説明したが、どれが一番良い方法かということはなく、実務上は、それぞれの特徴を踏まえ、それぞれの企業の事情に応じて工夫がなされている[16]。

Column4

分解することの意味

　本章では株式の理論価格のさまざまなモデルを説明したが、ベースとなる考え方は多期間の会計情報を現在価値に換算しその合計額がその企業の公正価値であり理論価格であるとするものである。実際の市場価格とこの理論価格を比較することで割安割高を判断する。投資家が合理的であるならば、市場価格はやがて理論価格に収束するとの考えである。

　モデルを複雑化すれば精度は向上する。しかし、複雑化すればするほど労力が多大になる。期間が遠い将来であればあるほど予測の正確性は劣化

---

[16] 工夫の例として、企業内の部署ごとにハードルレートを変えている場合がある。それは部署の性質によってキャッシュインフローの確実性が異なるからである。たとえば生産性向上のための設備投資であればその効果は確実であるが、宣伝広告用の費用は競合他社の状況により効果の不確実性が高まるからである。

第5章　株式

する。だからといってモデルが無用かというとそうではない。投資判断を
する場合、理論価格が決まらなければぼんやりとした判断となる。具体的
にある価格（理論価格）までは「買い」であるけれどそれを超えると「売
り」に変わる。つまり、なんとなく良い企業、悪い企業という判断では投
資の意思決定はできないのである。

　また、もっとも単純な以下の式でも株価分析ができる。ある企業の株価
が上昇したとしよう。それはDの増加による「分子である企業業績が回復
したためなのか」、rである「期待収益率が低下したためなのか[17]」、それ
とも、gである「その企業の成長性が増加したのか」の3つの要素に株価
上昇要因を分解して分析できる。

$$P = \frac{D}{r-g} \qquad P：株価 \quad D：配当 \quad r：期待収益率 \quad g：成長率$$

　たとえば、ある家電メーカーは株価が低迷していた。しかし、アベノミ
クスの金融緩和政策で株式への期待収益率全体が低下したため株式市場の
上昇機運が高まった（rの低下）。為替が円高から円安へと方向転換した
ため、輸出企業であるこの家電メーカーの業績が回復してきた（Dの増
加）。これまでは高価格帯中心の商品ラインナップであったが、競合他社
と比較してマーケティング戦略を再考し、シンプルで高品質な中価格帯の
商品を投入し市場開拓を行った結果、企業業績の成長が見込めるように
なった（gの増加）。

　このような株価の分析だけでなく、プライベートバンカーとして顧客で
ある経営者の企業の成長アドバイスにも配当割引モデルを活用できる。
ROEの3指標分解で分析することも、顧客企業の業績向上をはかるため

---

17 その企業の期待収益率はリスクフリー・レート＋リスクプレミアムなので、投資家が
　その企業に要求するリスクプレミアムが変わらなくても、政策的にリスクフリー・
　レートを低下させれば期待収益率は低下する。アベノミクスの金融政策は大量に資金
　供給することで実質的なリスクフリー・レートを低下させる政策であったといわれて
　いる。

の手法として有用である。分解することは顧客に筋道だって説明するための強力なツールである。

第6章 債券

第6章 債券

【本章のねらい】

　債券とは、国や地方自治体、企業などが、投資家から資金を調達することを目的として発行する証券（借用証書）をいう。代表的な債券としては、割引債と利付債があるが、これらはいずれも将来受け取るキャッシュフローがあらかじめ決められており、キャッシュフローを現在価値に割り引いたものの総和が債券価値になる。

　プライベートバンカーの顧客企業が資金調達のために債券を発行することも想定されるが、その調達額が数億円程度[1]では、発行コストと提供できる金利（クーポン）を勘案すると採算が合わない場合も多い。本章では投資対象としての債券の基礎知識を取り扱っている。債券価格は将来に受け取るキャッシュフローが決まっている債券の価値が安いか高いかという価値判断が交錯して価格が決定される。それは将来を含めた金利がどのように変化するかの判断が異なるためである。この金利がどのように債券価格に影響するか（金利の期間構造[2]）については第2章で解説している。

　債券市場は、資本市場において資産規模も大きく、株式とは異なる特徴を持っており、比較的安定したキャッシュフローが発生するミドルリスク・ミドルリターンの資産と位置付けられている。最近はさまざまな特徴を持つ債券が発行されているので、各債券の特徴を十分に把握したうえで、債券投資することが重要になる。

　本章では、債券の利回りの考え方から債券投資のリスクについて理解する。

---

[1] ここでは、私募ではなく公募の場合を想定している。

[2] 金利の期間構造については、本テキストp.26参照。

1 債券の基本的な構造と利回り

債券の構造を典型的な債券である割引債と利付債で学ぶ。利回りもクーポンも％表示されるがまったく意味が異なる。何に対しての％なのかを理解してほしい。さらにさまざまな利回りがあるが、分母分子に着目してどのようなシーンで使うかを想像すれば理解が深まる。

(1) 割引債

割引債[3]は、発行時に額面金額より割り引いて発行されるクーポン（利息）がゼロの債券のことで、ゼロクーポン債とも呼ばれる。割引債は、クーポンが支払われない代わりに、額面金額より低い価格で発行され、償還時に額面金額で償還されることで、発行価格と額面金額との差（償還差益）が債券投資の収益となる。

満期がn年、割引率がr、額面がFとすると、割引債の価値Bは、以下の式で表される。

$$B = \frac{F}{(1 + r)^n}$$

例えば、満期が３年、割引率５％、額面100円の割引債の価値は次のように求められる。

$$\frac{100}{(1 + 0.05)^3} ≒ 86.38円$$

(2) 利付債

利付債は、債券を利払いの有無で分類した場合に、定期的に利払いが行われるものを指し、通常、額面金額で発行・償還され、クーポンが付いている。また、クーポンの利率が発行時に決定している固定利付債と利率が市場環境で変動する変動利付債がある。

---

[3] 日本においては、かつて３年物（３年債）と５年物（５年債）の割引国債が発行されていたが、３年債は2002年11月に、５年債は2000年９月に発行が打ち切られ、現在は発行されていない。

第6章　債券

　満期がn年、毎年支払われるクーポンがC、割引率がr、額面がFとすると、利付債の価値Bは、以下の式で表される。

$$B = \frac{C}{(1+r)} + \frac{C}{(1+r)^2} + \cdots + \frac{C+F}{(1+r)^n}$$

　例えば、満期が3年、クーポンが3％、割引率5％、額面100円の利付債の価値は次のように求められる。

$$\frac{3}{(1+0.05)} + \frac{3}{(1+0.05)^2} + \frac{103}{(1+0.05)^3}$$

$= 2.86 + 2.72 + 88.98 ≒ 94.56$円

　クーポンCとは額面Fに対して％表示されるものである。ここで、Bは右辺の支払いが約束されたキャッシュフローの価値である。その将来のキャッシュフローを割り引いているのがrの割引率である。rはどの年も同一である。つまり、Bと右辺のキャッシュフローを等しくしているのでrは複利での利回りとなる。この債券、つまり、3年間で償還するクーポンが3％のキャッシュフローを購入するのに、5％の利回りを確保できるなら購入しよう。そのときの価格は約94.56円だ。額面は100円で発行されたが今では金利は上がっているので約94.56円でしかこの債券は購入できないということを意味している。

　次に、将来の金利がもっと上がる、しかも、その形状がパラレルシフトではなく、スティープ化が起こるなら、約89.61円でなければこの債券は購入できないことになる。

$$\frac{3}{(1+0.05)} + \frac{3}{(1+0.06)^2} + \frac{103}{(1+0.07)^3}$$

$= 2.86 + 2.67 + 84.08 ≒ 89.61$円

(3)　応募者利回り

　応募者利回りは、新規発行の債券（新発債）を発行日に発行価格で購入し、償還期限（満期日）まで保有した場合の利回りのことをいう。新発債を購入した日から満期日まで保有した場合に得られるクーポンと償還差損益との合

計額が投資元本に対して年何％になるのかを示すもので、以下の式で表される。

　なお、債券は必ずしも額面（100円）で発行されるわけではなく、額面より低い価格（アンダーパー）や高い価格（オーバーパー）で発行される場合もある。

$$応募者利回り = \frac{クーポン + (額面価格 - 発行価格) ／ 償還年数}{発行価格}$$

⑷　直接利回り、最終利回り、所有期間利回り

①　直接利回り

　直接利回りは、直利とも呼ばれ、利付債の購入価格に対する１年間に受け取るクーポンの割合を示したものをいう。

$$直接利回り = \frac{クーポン}{購入価格}$$

②　最終利回り（単利ベース）

　最終利回りは、債券を購入した日から満期日まで保有した場合の利回りのことで、債券の購入から償還までの全期間に入ってくるクーポンと償還差損益の合計金額を、１年当たりに換算して、投資元本に対して年何％の利回りになるのかをいう。

$$最終利回り = \frac{クーポン + (額面価格 - 購入価格) ／ 残存年数}{購入価格}$$

③　所有期間利回り

　所有期間利回りは、債券を満期日まで保有せず、途中で売却した場合の利回りのことで、投資家が得たクーポン収入と売買損益の合計額が投資元本に対して年何％の利回りになるのかをいう。

第6章　債券

$$所有期間利回り = \frac{クーポン + (売却価格 - 購入価格) / 所有期間}{購入価格}$$

　例えば、残存期間5年、クーポンが3％の利付債券を102円で購入した場合の直接利回り、最終利回り、また、2年間保有後101円で売却した場合の所有期間利回りは、それぞれ次のようになる。

① 直接利回り

$$\frac{3\,円}{102\,円} = 2.94\%$$

② 最終利回り（単利ベース）

$$\frac{3\,円 + (100\,円 - 102\,円) / 5\,年}{102\,円} = 2.55\%$$

③ 所有期間利回り

$$\frac{3\,円 + (101\,円 - 102\,円) / 2\,年}{102\,円} = 2.45\%$$

(5) 実効利回り

　上記の最終利回り（単利ベース）と所有期間利回りには、クーポンの再投資部分が考慮されていない。クーポンの再投資を考慮した複利ベースの利回りを実効利回りという。

　購入価格がB、満期がn年、毎年支払われるクーポンがC、割引率（実効利回り）がr、再投資レートがR、額面がFとすると、以下の式で表される。

$$B = \frac{C(1+R)^{n-1}}{(1+r)^n} + \frac{C(1+R)^{n-2}}{(1+r)^n} + \cdots + \frac{C+F}{(1+r)^n}$$

　ここで、上記の式の右辺第1項の分子は、1期目に支払われるクーポンをn−1期間、再投資レートRで運用したことを示しており、これを現在価値に割り戻すために$(1+r)^n$で割っている。

　例えば、残存期間4年、クーポンが3％、再投資レート3％の利付債券を

137

102円で購入した場合の実効利回りは、以下の式を満たす r として求められる。

$$102 = \frac{3(1+0.03)^3}{(1+r)^4} + \frac{3(1+0.03)^2}{(1+r)^4} + \frac{3(1+0.03)}{(1+r)^4} + \frac{3+100}{(1+r)^4}$$

これを解くと、 r = 2.72% となる。

第6章　債券

2 債券投資のリスク

(1) 債券投資のリスク

　債券投資のリスクとは、投資期間中の期待収益が実現されない可能性であり、主なものとして以下の表の5つがある。購入した債券を期間中に売買してキャピタルゲインを得たい投資家ならば金利リスクが価格に影響する。流動性がなければ売りたい価格で売れないかもしれない（流動性リスク）。特に外国債券の場合は、カントリーリスクだけでなく、そもそもその国での債券の発行量[4]が少ない場合もあり流動性に注意する必要がある。残存期間の途中で償還されれば運用できなくなってしまう（途中償還リスク）。途中売却してキャピタルゲインを望むのではなく、満期まで保有する場合でも、発行体の経営状況が悪化し利払いができなくなる場合もある（デフォルトリスク）。債券投資にはこれらのさまざまなリスクがあることを理解しなければならない。

（図表6-1）債券投資のリスク

金利リスク	市場金利の変動により債券利回りが影響を受け、債券価格が大きく変動するリスク。長期債、低クーポン債ほど価格変動が大きい。
デフォルトリスク	債券がデフォルト（債務不履行）に陥る、あるいは格付機関による格下げにより債券価格が大きく下落するリスク。デフォルトリスクが大きくなるほど、利回りは上昇する（価格は下落する）。
途中償還リスク	債券がその発行体により満期前に償還されることにより、運用機会を消失するリスク。
流動性リスク	市場における債券の流通量が少ないことにより、換金したい時に換金できない、あるいは自らの換金により価格を大きく下げるリスク。
カントリーリスク	外国債券に投資した場合、その国の政治や経済情勢等の変化により、価格が大幅に変動する、あるいは資金の回収が困難になるリスク。

　ここで、債券の条件の違いによる価格変動リスクの違いを見てみる。

4　世界の債券市場については本テキストp.19参照。

例えば、次のような２種類の債券がある場合、債券価格の変動は以下のようになる。

	額面	クーポン	利払い	残存期間	市場金利
債券Ａ	100円	3％	年１回	２年	5％
債券Ｂ	100円	4％	年１回	４年	5％

① 現在（市場金利５％）の債券価格

$$債券A = \frac{3}{(1+0.05)} + \frac{3+100}{(1+0.05)^2} = 96.28円$$

$$債券B = \frac{4}{(1+0.05)} + \frac{4}{(1+0.05)^2} + \frac{4}{(1+0.05)^3} + \frac{4+100}{(1+0.05)^4} = 96.45円$$

② 金利１％上昇時（市場金利６％）の債券価格

$$債券A = \frac{3}{(1+0.06)} + \frac{3+100}{(1+0.06)^2} = 94.50円$$

$$債券B = \frac{4}{(1+0.06)} + \frac{4}{(1+0.06)^2} + \frac{4}{(1+0.06)^3} + \frac{4+100}{(1+0.06)^4} = 93.07円$$

③ 金利１％下落時（市場金利４％）の債券価格

$$債券A = \frac{3}{(1+0.04)} + \frac{3+100}{(1+0.04)^2} = 98.11円$$

$$債券B = \frac{4}{(1+0.04)} + \frac{4}{(1+0.04)^2} + \frac{4}{(1+0.04)^3} + \frac{4+100}{(1+0.04)^4} = 99.99円$$

　以上のように、現在（市場金利５％）は、債券Ａと債券Ｂの価格にはほとんど差はないが、市場金利が１％上昇すると、債券Ａは▲1.78円下落するのに対し、債券Ｂは▲3.38円下落する。また、市場金利が１％下落すると、債券Ａは1.83円上昇するのに対し、債券Ｂは3.54円上昇する。

　このように、残存期間が長い債券Ｂの方が、債券Ａよりも価格変動リスクが大きい。もし、市場金利の影響を抑えたいのならば、残存期間の短い債券で債券ポートフォリオを組むのがよいことがわかる。残存期間のほか、クー

ポンレートの大きさなども価格変動に影響する。これらの影響を数値的に把握するのに便利なのがデュレーションやコンベクシティである。

(2) デュレーション

デュレーション[5]とは、債券への投資資金の平均回収期間をいう。これは、金利変動による債券価格の変動性を示す指標ともなる。つまり、デュレーションの長い債券ほど、金利変動による債券価格の変動が大きくなるのに対し、デュレーションの短い債券ほど、金利変動による債券価格の変動が小さくなる。また、利付債のデュレーションは、利息収入があるため、残存期間よりも短くなるのに対し、割引債のデュレーションは、利息収入がないため、残存期間と同じになる。

なお、デュレーションを（1＋最終利回り）で除したものを修正デュレーションと呼ぶ。修正デュレーションは、金利変動による債券価格の変動性を表す尺度で、利回りが1％変化した場合に、債券価格が何％変化するかを表す。

（図表6－2）デュレーションを長くする3要素

残存期間が長い		デュレーションが長い
クーポンが低い	⇨	
最終利回りが低い		

(3) コンベクシティ

債券価格と利回りの関係は本来曲線であるが、デュレーションは直線で近似することから、価格変動を過大評価する傾向がある。コンベクシティとは、デュレーションの欠点を補い、金利の変動と債券価格の関係を、できる限り実際のものに近づけるために曲線で表したものである。コンベックス（Convex）とは凸状のことをいうが、コンベクシティは、デュレーションの

---

[5] デュレーションは、創案者（Frederick Macaulay）の名からマコーレー・デュレーションとも呼ばれる。

直線に対して、凸状の曲線となる。

　同じデュレーションの債券を比べた場合、コンベクシティの大きい債券のほうが現時点からの金利上昇に対して価格の値下がりが小さく、金利低下に対しては、価格の値上がりが大きい。

⑷　信用格付

　信用格付とは、格付機関が国債や社債などの債券投資を行う投資家向けに、将来、元本や利息の支払いが行われるかどうかの信用リスクを記号化して評価することでその会社のリスク度合いを知らせるものをいう。格付は格付会社により評価方法や表記が異なるが、通常アルファベットで記載される。

　格付がBBB以上の債券を投資適格債、BB以下の債券を投資不適格債（ジャンク・ボンド）という。一般的には、他の条件が同じであれば、格付が低い債券ほど利回りは高くなる。なお、代表的な格付会社には、格付投資情報センター（R&I）、ムーディーズ、スタンダード・アンド・プアーズ（S&P）、フィッチなどがある。

（図表6-3）格付けとその意味（例）

AAA	債務履行の確実性が最も高い
AA	債務履行の確実性は極めて高い
A	債務履行の確実性は高い
BBB	債務履行の確実性は高いが、将来確実とはいえない
BB	債務履行に当面問題はないが、将来確実とはいえない
B	債務履行の確実性に問題がある
CCC	現時点で不安定な要素がある
CC	債務不履行（デフォルト）となる可能性が高い
C	債務不履行（デフォルト）となる可能性が極めて高い
D	現時点で債務不履行（デフォルト）をおこしている

第6章 債券

3 債券の種類

(1) ワラント債（新株予約権付社債）

新株予約権が付与された社債をワラント債（新株予約権付社債）という。ワラント（新株予約権）とは、発行した会社に対して権利を行使することによって、その会社の株式の交付を受けることができる権利のことをいう。

(2) CB（転換社債型新株予約権付社債）

株式に転換する権利が付いた社債をCB（Convertible Bond；転換社債型新株予約権付社債）といい、株式と債券の二つの特徴をあわせ持つ。CBは社債に新株予約権が付与された形態で発行され、新株予約権を行使することで、発行時に決められた値段（転換価額）で社債を株式に転換することができる。一方、社債のまま保有し続けると、利付債として定期的に利子を受け取ることができ、償還日には額面金額が払い戻される。一旦株式へ転換した後に社債へ戻すことや、新株予約権を分離譲渡することはできない。

株式に転換して売却するか、CBとしてそのまま売却するかを決定する際には、CBを株式に転換した際のCBの理論価格（パリティ）やCBの市場価格とパリティとの乖離率などが判断材料になる。

(3) パリティ

パリティ（パリティ価格）は、CB（転換社債型新株予約権付社債）を株式に転換する時の理論価格のことをいう。これは、額面100円に対する金額で表示され、株価を転換価格で割って求められるもので、CBに投資する際の一つの尺度となる。パリティは、株価に連動し、株価と転換価格が同じ時は100となる。通常、100を上回っている時は株式的価値が高く、100を下回っている時は社債的価値が高い。

(4) ハイイールド債

ハイイールド債は、ジャンク債（ジャンクボンド）とも呼ばれ、低格付けでデフォルトリスクの高い債券のことをいう。例えば、スタンダード・アンド・プアーズ社（S&P）の格付けで「BB」、ムーディーズ社（Moody's）の

格付けで「Ba」、もしくはそれ以下の低格付けの債券のことを指す。

　一般に、ハイイールド債は信用格付けが低く、元本割れが発生するリスクが高い分、利回りは高く設定される。このような特性に着目して、複数のハイイールド債をパッケージにして運用することで、リスクを分散させながら高いリターンを求める投資戦略のファンドをハイイールド債ファンドという。

⑸　コーラブル債（期限前償還条項付債券）

　コーラブル債（Callable Bond；期限前償還条項付債券）は、債券の発行体が予め決められた特定日（償還可能日）に、債券を投資家から買い戻すことにより、繰上償還（コール）できる権利が付いた債券のことをいう。債券の発行体が償還可能日に繰上償還する権利を有している代わりに、同期間の債券よりもクーポンが高くなっているのが特徴である。このため、満期が10年のコーラブル債に投資したのに３年後に早期償還されたということも起こりうるので、投資家の立場で考えると投資期間が確定しないというリスクがある。

　なお、発行体が早期償還できるタイミングは、債券の利払いに合わせて設定されるが、満期までの間に複数回早期償還のタイミングが設定されているものをマルチ・コーラブル債と呼んで区別する場合もある。

⑹　仕組債

　仕組債とはデリバティブ（金融派生商品）を内蔵したハイリスク・ハイリターンの債券のことをいう。オプションやスワップなどのデリバティブを組み込むことで、通常の債券のキャッシュフローとは異なるキャッシュフローを持つようにした債券が該当する。具体的には、償還期限が近づくにつれて金利が上がるステップアップ債や金利が下がるステップダウン債、株価指数や為替相場等に連動して償還額や利率が変わる株価連動債や為替連動債、その他にリバースフローター債、デュアルカレンシー債、他社株転換社債（EB債）などがある。通常、これらの債券は、国債や預貯金よりも高いリターンを期待できる半面、中途換金が難しかったり、損失が膨らんだりするリスクがあり、相場環境次第では、償還額が元本を大きく割り込む場合もあ

る。

（図表6−4）仕組債

ステップアップ債	当初利率は低く、一定期間後から利率が上昇する債券
ステップダウン債	当初利率は高く、一定期間後から利率が下落する債券
株価連動債	償還金や利率などが日経平均などの株価指数に連動する債券
為替連動債	償還金や利率などが為替相場に連動する債券
リバースフローター債	利率が市場金利と逆に変動する債券
デュアルカレンシー債	利払いと償還が異なる通貨となる債券
他社株転換社債 （Exchangeable Bond）	特定（他社）の株価動向次第で、償還金のかわりに他社株式で償還される可能性のある債券

Column5

金利は現在と将来の架け橋？

　利回り計算を行うときに注意しなければならないことに、単利と複利がある。よくその違いを表現する言葉に「複利では利子が利子を生む」というのがあるが、単利は利子の再投資を無視していることになる。さらには利子が利子を生むのは「同じ金利で利子を生む」ことが前提であることだ。以下はその例である。

　金利5％、3年間、元本100円ならば

　（単利）　$100(1+0.05\times3)=115$

　（複利）　$100(1+0.05)^3=115.7625$

　さて、ここで金利とは何を意味しているのだろうか。哲学的な回答は別として少なくとも数式的には右と左を等号で結べるよう成り立たせているのが金利だ。右から左へという方向性を加味すれば、100という現在の数字に金利を掛け算した結果できあがる3年後の姿である。つまり、金利は現在存在する人々が将来の姿を想像した結果、この金利であれば将来の

145

姿にふさわしいと考えたものと理解できる。

　では、その金利はだれが考えたのか。国か企業か、それとも投資家か。その金融商品を開発（発行）した主体（発行体）を信用できるかどうかで金利も変わるだろう。国債でも社債でも格付けによって金利は変わる。変えなければ取引は成立しない。取引が成立したならば売るほうも買うほうもその金利に納得したことになる。マーケットで成立した取引ならばその価格は金利の公正な価格に近づくことになる。

　それにしても日本の国債の金利は大きく変化した。若手トレーダーたちは過去の債券オプションの標準物の金利に驚く。中期国債が３％、長期国債が６％だ。いまでは幻の数字だ。しかし、かつてはこのクーポン以上の金利で発行されていた事実がある。日本人が体験した金利の変化の軌跡だ。世の中の景色も人々のマインドも金利とともに変化した。低金利時代の今、昔を懐かしむ声があがるのは、高金利時代に生きた人々の回顧の情だろうか。

第7章　外国証券投資

第7章　外国証券投資

【本章のねらい】

　ここまで、国内の株式と債券への投資を前提に説明してきたが、外国への投資も考えると、投資対象が格段に広がる。外国証券投資は、為替という重要な要素が加わるので、意思決定がより難しくなる。一方、投資対象が大きく拡大することで、リスク・リターンが改善すると考えられる。顧客に対して国際分散投資の意義を説明するとともに、海外への移住や海外での生活の意向があるかどうかを確認する必要もある[1]。外国人として外国証券に投資することと海外での生活を行うための実需として外国証券を利用するのではアドバイスは異なってくる。

　外国証券投資は、投資する地域や国によって異なる要因の影響を受ける。その国の経済や企業の成長性、ポリティカルリスク、税制、外国人投資規制などである。外国証券投資の意義および世界の株式市場と債券市場については、第1章で説明した[2]。ここでは外国人としての投資の観点から外国証券投資の特徴と為替の与える影響について解説する。

1　為替

(1)　為替レートの決定理論

　為替レートには、株価や債券価格のように、合理的かつ包括的な価格の決定理論はない。通貨間の相対的な需給関係以外に、基軸通貨である米ドルやユーロの影響が大きく、その価格の根拠は非常に複雑になっている。

　為替レートの妥当性を考える上で、過去から現在までさまざまな理論が考えられてきており、その代表的なものには、次に述べる購買力平価説やアセット・アプローチがある。

---

[1]　プライベートバンキング上巻「第3章　不動産**6**海外不動産」参照。

[2]　本テキストp.17参照。

147

⑵ 購買力平価説

為替レートを説明する代表的な理論として購買力平価説[3]がある。この理論では、全く同じ商品やサービスを購入する場合、通貨単位は異なっても同じ価値を持つという視点から、為替レートの適正水準を割り出す。

購買力平価説は、短・中期の為替レートの説明にはあまり役立たないが、長期（10年以上）の為替レートの説明には有効で、為替レートはいずれ購買力平価に収斂すると考えられている。なお、購買力平価説には、絶対的購買力平価説と相対的購買力平価説の2つがあり、現在は相対的購買力平価説が主流である。

＜絶対的購買力平価説＞

為替レートは二国間の通貨の購買力によって決定されるという説。例えば、アメリカでは1ドルで買えるハンバーガーが日本では100円で買える場合、1ドルと100円の購買力は等しいので、為替レートは1ドル＝100円が妥当だとする。一物一価の原則に基づいた説であるが、現実には関税や輸送コストの関係もあって、必ずしも裁定は成立しない。

＜相対的購買力平価説＞

一物一価の原則が厳密には成立しないとしても、為替レートは二国間の物価上昇率の比で決定されるという説。例えば、ある国の物価上昇率が他の国より相対的に高い場合、その国の通貨価値は減価するため、為替レートは下落すると考える。

⑶ アセット・アプローチ

アセット・アプローチとは、現代の外国為替市場においては、短期の資本取引が支配的であるため、為替レートは金融資産（アセット）に対する需要と供給が均衡するように決まるという為替レートの決定理論である。

アセット・アプローチでは、異なる通貨建ての資産の期待収益率が等しく

---

[3] 購買力平価説は、スウェーデンの経済学者カッセル（Gustav Cassel）が、金本位時代の1921年に提唱した古典的な為替レートの決定理論。

なるように為替レートが変動すると考えられ、投資家は国内外の金融市場を見たうえで、国内の金融資産と海外の金融資産の組み入れを行って最適なポートフォリオを構築し、その保有比率によって為替レートが決定されると考える。例えば、日本の金利が不変で米国の金利が1％上がれば、円売りドル買いが増え、1％円安になると考える。つまり、金融資産の需給関係をもとにした短期の資本移動を重視する考え方となっている。

(4) TTSとTTB

次に、円を外貨に替える際に適用される為替レートについて説明する。TTS（Telegraphic Transfer Selling Rate）は、顧客が円を外貨に換える際の為替レート、TTB（Telegraphic Transfer Buying Rate）は顧客が外貨を円に換える際の為替レートである。また、TTSとTTBの中間値をTTM（Telegraphic Transfer Middle Rate）という。TTMは、仲値とも呼ばれ、顧客が金融機関で外貨を売買する際の基準レートのことをいう。TTMとTTSおよびTTBとの開き（差額）が為替手数料となる。この差額（為替手数料）は通貨によって異なり、米ドルやユーロといったメジャーな通貨の場合は比較的小さく、マイナーな通貨ほど大きい。

（図表7－1）TTSとTTB

TTS（対顧客電信売相場）	顧客が円を外貨に交換する際の為替レート
TTB（対顧客電信買相場）	顧客が外貨を円に交換する際の為替レート
TTM（対顧客電信仲値相場）	TTSとTTBの仲値の為替レート

(5) 外貨預金の利回り計算

ここで、外貨預金の利回りについて考えてみる。外貨預金の利回りは、外貨預金に預け入れた円貨額が、最終的に円換算していくらになったかで算出する。したがって、円→外貨、外貨→円の為替手数料控除後の利回りということになる。

例えば、期間6ヵ月、年利率0.1％の米ドル建て外貨預金に1万米ドルを預け入れた場合、預け入れ時点のTTSが120円、満期時のTTBが122円とす

ると、利回りは以下のようになる。

① 預け入時に必要な円貨：

1万米ドル×120円＝120万円

② 満期時の元利合計：

1万米ドル×（1＋0.1％×0.5年）×122円＝122万610円

③ 円換算利回り：

$$\frac{122万610円－120万円}{120万円}÷0.5年×100＝3.4％$$

(6) 為替ヘッジ

　為替ヘッジとは、為替変動による損失を避けるため、通貨の先物取引やオプション取引などを利用して、為替変動リスクを回避することをいう。外貨建て資産に投資する際や、輸出企業が自国通貨の上昇に備える場合などに用いられ、為替相場が有利な方向に動いた場合には差益を得ることができないが、不利な方向に動いた場合には損失を防ぐことができる。

　一般に外貨建て資産に投資する場合、為替ヘッジは、円高による為替差損を回避する目的で行われることが多く、通常、外貨建て資産に投資すると同時に、外貨売り・円買いの先物予約をして将来の為替変動に備える。

　なお、為替ヘッジには、通常二国間の短期金利差相当のヘッジコストがかかるが、為替や金利の動向によっては、そのコストが想定以上になることもあるので注意が必要である。

(7) 先物為替レートと直物為替レート

　為替レートには、通貨の受け渡しの時期によって、先物為替レートと直物為替レートの2つがある。先物為替レートとは、将来の為替レートを表し、直物為替レートとは、現在の為替レートを表す。先物為替レートは直物為替レートと金利スプレッド（2通貨間の金利差）から決定される。

＜先物為替レートのプレミアムとディスカウント＞

　高金利通貨のスプレッドはディスカウント（先物為替レートが直物為替レートより低い）、低金利通貨のスプレッドはプレミアム（先物為替レート

第7章　外国証券投資

が直物為替レートより高い）という。

| 直物為替レート ＞ 先物為替レート | ⇒ | ディスカウント |
| 直物為替レート ＜ 先物為替レート | | プレミアム |

　例えば、米国の金利が日本より高い場合には、直物為替レートから金利スプレッドを引くことで、先物為替レートを計算する。これをドルディスカウントという。逆に、米国の金利が日本より低い場合には、直物為替レートに金利スプレッドを加えて先物為替レートを計算する。これをドルプレミアムという。

(8)　FX（外国為替証拠金）取引

　FX（外国為替証拠金）取引とは、一定の証拠金を担保に、米ドル／円やユーロ／円などの通貨ペアをリアルタイムで売買できる外国為替取引をいう。

　FX取引は、一定の証拠金（担保）を差し入れることによって、少ない元手で大きな取引（例えば、証拠金の25倍の取引）ができるのが特徴である。

151

2 外国証券投資

(1) 外国証券のリスク・リターン特性

外国証券の特性を確認するために、代表的な資産クラスのリスク・リターン特性（イメージ図）を**（図表7－2）**に示す。

商品別にみると、一般に、債券よりもREIT、REITよりも株式の方がハイリスク・ハイリターンの傾向が強い。また、地域別にみると、国内証券よりも外国証券の方がハイリスク・ハイリターンであり、外国証券の中では、新興国証券の方が先進国証券よりもハイリスク・ハイリターンの傾向が強い。

（図表7－2）外国証券の地域別リスク・リターン特性（イメージ図）

「過去の値動きから一般的にイメージされる
外国証券の地域別リスク・リターン」

リターン

新興国株式

新興国REIT

先進国株式

先進国REIT

国内株式

J-REIT

新興国債券

先進国債券

国内債券

リスク

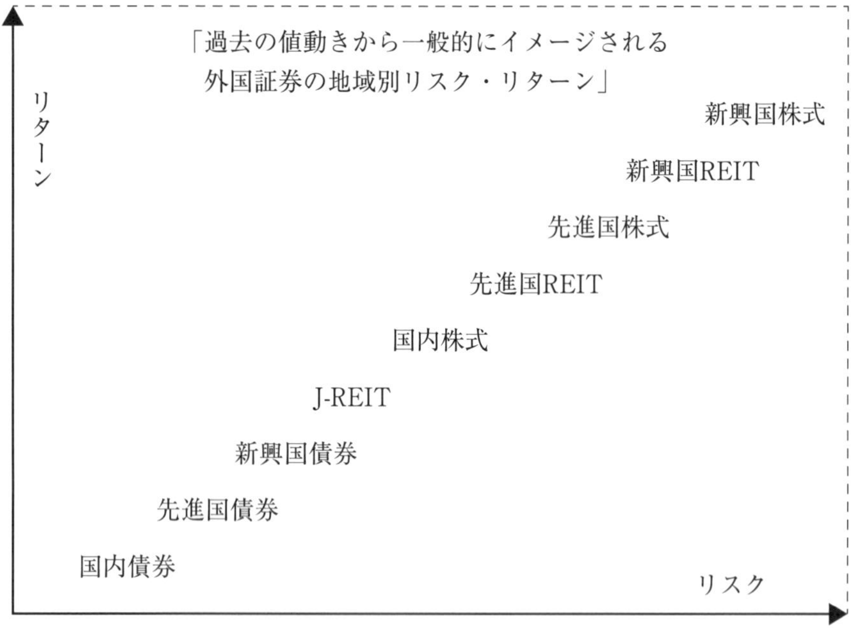

(2) 国際分散投資

国内資産だけでなく外国資産を加えて国際分散投資を図ることで、分散投資の効果をさらに大きくし、リスク低減効果を高めることができる。国内と海外では、経済状態や成長率が異なり、各証券の収益率の動きも異なることから、外国証券を加えることで、平均分散アプローチの3つのパラメータである期待リターン、リスク、相関係数のうち、相関係数の小さな資産が加わ

り、分散効果が大きくなる。

(図表7-3) 世界主要国・地域の経済成長率予想 (2017年)

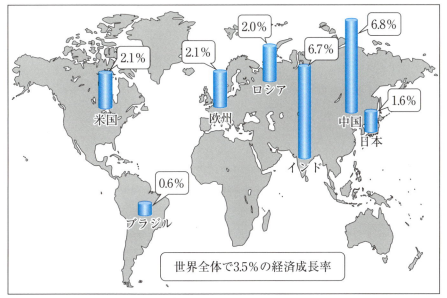

(出所：OECD Economic Outlook)

(3) 投資機会の拡大

　外国企業には、多種多様な大企業が数多く存在している。例えば、アップル（IT）、アルファベット（グーグルの親会社、IT）、エクソンモービル（資源）、ジョンソン&ジョンソン（医薬品）などの多国籍企業があげられる。また、世界の大企業の変遷は、産業構造の変化と経済活動の勢いを端的に表している。**(図表7-4)** にあるように、2007年の世界時価総額上位10社のうち、2017年の世界時価総額10位に入っているのは、エクソンモービルとマイクロソフトのわずか2社である。また、上位10社の顔ぶれも、金融、資源中心から、IT中心へと大きく変わった。

　日本以外の外国企業を投資対象として考えることで、日本にはない成長エンジンを持った企業、あるいは、成長著しい企業を新たな超過収益の源泉とすることが可能となる。

（図表７－４）世界株式時価総額ランキング（2007年 VS 2017年）

2007年	順位	2017年
エクソンモービル（米）	1	アップル（米）
GE（米）	2	アルファベット（米）
マイクロソフト（米）	3	マイクロソフト（米）
シティグループ（米）	4	アマゾン（米）
ペトロチャイナ（中国）	5	フェイスブック（米）
AT&T（米）	6	バークシャーハサウェイ（米）
ロイヤルダッチシェル（英蘭）	7	ジョンソン&ジョンソン（米）
バンクオブアメリカ（米）	8	エクソンモービル（米）
中国工商銀行（中国）	9	テンセント（中国）
トヨタ自動車（日本）	10	アリババ（中国）

（出所：World Federation of Exchanges Statistics）

第8章　デリバティブ

第8章　**デリバティブ**

【本章のねらい】

　デリバティブとは、元となる資産（原資産）の価格などに依存して、その価格が決まる金融商品をいう。原資産から派生したものという意味で、金融派生商品ともいう。代表的なデリバティブには、先物、スワップ、オプションなどがある。例えば、１年後に１米ドルと100円を交換する契約は、今後１年間のドル円為替レートの変動に基づいてその損益が確定する通貨デリバティブということができる。

　デリバティブは、株式や債券とは特性が大きく異なり、原資産のリスクヘッジや、レバレッジをかける際に活用される。さらに、デリバティブ単独ではなくデリバティブ機能を組み込んだ投資信託や債券などの商品がある。先物、スワップ、オプションなどの代表的なデリバティブの仕組みを理解することで複雑そうに思える仕組みが理解しやすくなる。

　本章では、デリバティブの基本からその仕組みや損益の考え方について理解する。

■1 デリバティブとは

(1)　デリバティブと原資産

　デリバティブ（金融派生商品）とは、元となる資産から派生して生まれた証券のことであり、派生証券とも呼ばれる。デリバティブ取引は通常の現物取引とは異なり、契約時点で取引対象商品の受渡しが行われないことに大きな特徴がある。元となる資産には、商品を対象としたデリバティブとして、実物資産である原油、金などの鉱物資源や、米、とうもろこし、大豆、コーヒーなどの農産物があり、金融資産を対象としたデリバティブとして、株式、債券、為替などがある。これらの元となる資産のことを原資産という。

　デリバティブの価格は、原資産の将来の価格に依存するため、その価格は原資産の将来価格を基に算出される。つまり、対象デリバティブの将来

155

キャッシュフローを、原資産の将来キャッシュフローと無リスク資産の将来キャッシュフローを組合せることで複製する。

(図表8－1) デリバティブ

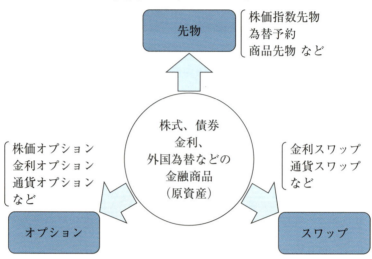

(2) デリバティブの特徴

デリバティブ取引には、原資産取引と比較して、以下のような特徴がある。

(図表8－2) デリバティブの特徴

レバレッジ効果	原資産の取得に比べて少額の資金で、原資産を保有するのと同様の効果が得られる。つまり、デリバティブを使う事で、少額の資金で大きなポジションを取ることができる。これをレバレッジ効果という。
ゼロサムゲーム	デリバティブ取引は当事者間の損益を合計するとゼロになるゼロサムゲームである。株式や債券と違い、当事者全員がプラスあるいはマイナスとなることはない。
高流動性低コスト	現物取引と比較して、流動性が高く、取引コストが低い。例えば、TOPIXに連動したインデックス運用を行うにあたり、個別株式を購入すると、高いコストと時間がかかるが、デリバティブ（TOPIX先物）を利用すれば、簡単にポジションが取れる。

第8章 デリバティブ

(3) 先物取引

　先物取引は、ある対象商品を将来の一定の期日に、現時点で取り決めた価格で売買することを予め約束する取引のことをいう。

　先物取引は、現在、世界各地にある取引所を通して行われており、買い手は先物相場の上昇により利益が得られる一方で、売り手は先物相場の下落により利益が得られる。また、取引所が指定する一定の証拠金を預託することにより取引（預託金取引）し、反対売買を加味した差額授受により決済（差金決済）する。

　ちなみに、世界初の公認の先物取引は、1730年に日本において、江戸幕府公認として開設された大阪「堂島米会所」での米の先物取引だといわれている。

(4) スワップ取引

　スワップ取引は、等価のキャッシュフローを交換する取引の総称であり、特定の想定元本に対し異なる指標を用いて計算したキャッシュフローを一定期間交換する取引をいう。

　スワップ取引は、相場変動の回避や、効率的な資金の調達や運用を実現するために利用され、具体的には、金利スワップ、通貨スワップ、クーポンスワップ、エクイティスワップ、コモディティスワップなどがある。

　歴史的には、1981年に世界銀行とIBMとの間で行われた通貨スワップが、世界最初のスワップ取引と言われており、以後、世界中で急速に拡大した。

　なお、外国為替取引において、異なる通貨の金利と元本の交換を行う取引のうち、変動金利を直接的に交換することを通貨スワップというのに対し、直先スプレッドを通じて間接的に固定金利を交換することを為替スワップという。

157

(図表8-3) 代表的なスワップ取引の種類

金利スワップ	同一通貨間で異なる種類の金利を交換する
通貨スワップ	異なる通貨の金利と元本を交換する
クーポンスワップ	異なる通貨間で、金利のみを交換する
エクイティスワップ	キャッシュフローの少なくとも一方が株式に関連したものを受払いする
コモディティスワップ	商品価格と金利等を交換する
為替スワップ	直先スプレッドを通じて間接的に固定金利を交換する

(5) オプション取引

　オプション取引は、ある商品について、将来の一定の期日（期間内）に、一定の数量を予め決められた特定の価格（権利行使価格）で買う権利、または売る権利を売買する取引のことをいう。

　対象となる商品（原資産）には、通貨、金利、債券、株式、株価指数、コモディティなどがある。また、原資産を買う権利のことをコール・オプション、売る権利のことをプット・オプションといい、それぞれの権利に対して付けられる価格のことをプレミアムという。コール・オプション、プット・オプションの売り買いそれぞれの損益図は（図表8-4）のようになる。

(図表8-4) オプション取引の損益図、4つの基本形

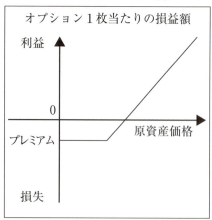
コール・オプションの買い

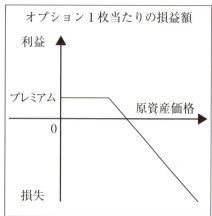
コール・オプションの売り

プット・オプションの買い　　　　プット・オプションの売り

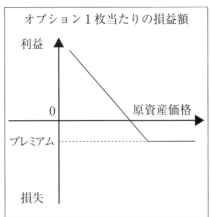
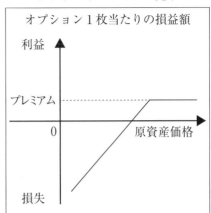

(6) ヨーロピアン・オプションとアメリカン・オプション

　オプション取引のタイプには、一定の期日（権利行使日）にのみ権利行使ができるヨーロピアン・オプションと、一定の期間内にいつでも権利行使ができるアメリカン・オプションの2つがある。通常、プレミアムは、権利行使の自由度が低い分、ヨーロピアン・オプションの方が安くなる。

　現在、大阪取引所の指数オプション取引および有価証券オプション取引では、ヨーロピアン・オプションを採用し、国債先物オプション取引では、アメリカン・オプションを採用している。

（図表8-5）ヨーロピアン・オプションとアメリカン・オプション

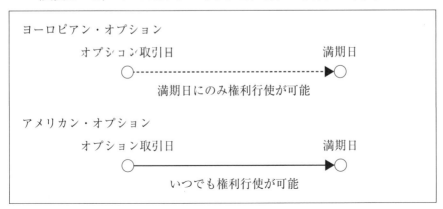

また、その決済方法には、権利行使、権利放棄、反対売買の3つがある。なお、オプションの権利を行使するかしないかは、権利の購入者が決定する一方、権利の売却者はプレミアムと引き換えに、購入者の権利の行使時にそれを実行する義務を負う。

第8章 デリバティブ

2 デリバティブの仕組み

(1) プレミアムの価格決定要因

　プレミアムは、オプションの権利（買う権利または売る権利）に対して付けられる価値のことをいうが、通常、その価値は、権利の対象となる原資産価格、価格変動の大きさ（ボラティリティ）、権利行使価格、残存期間などによって変化する。具体的には、権利行使価格が原資産の市場価格に近いほど、残存期間が長いほど、ボラティリティが大きいほど、その価値は高くなる。

（図表8－6）プレミアムの価格決定要因

決定要因		コール	プット
原資産価格	上昇	上昇↑	下落↓
	下落	下落↓	上昇↑
権利行使価格	高い	下落↓	上昇↑
	低い	上昇↑	下落↓
残存期間	長い	上昇↑	上昇↑
	短い	下落↓	下落↓
ボラティリティ	上昇	上昇↑	上昇↑
	低下	下落↓	下落↓

　なお、オプション取引において、原資産価格と権利行使価格との関係から、原資産価格と権利行使価格が等しい状態をアット・ザ・マネーといい、権利行使をしたときに得られる金額がプラスの状態をイン・ザ・マネー、権利行使をしても何も得られない状態をアウト・オブ・ザ・マネーという。

　また、イン・ザ・マネーのなかで、アット・ザ・マネーから非常に遠い状態をディープ・イン・ザ・マネーといい、逆にアウト・オブ・ザ・マネーのなかでアット・ザ・マネーから非常に遠い状態をディープ・アウト・オブ・ザ・マネーという。

(2) 本質的価値と時間的価値

　プレミアムは、本質的価値と時間的価値から構成される。

　本質的価値は、本源的価値や内在的価値とも呼ばれ、コール・オプション

またはプット・オプションの権利行使価格と原資産価格の差額分のことをいい、オプションの現時点での価値を意味する。

例えば、コール・オプションにおいて、市場価格が120円、行使価格が100円であれば、本質的価値は20円（＝120円－100円）と計算され、市場価格が行使価格より高くなるほど、プレミアムは大きくなる。

通常、行使価格が市場価格より有利なイン・ザ・マネーのオプションは、本質的価値を持っており、利益の出ている状態となっている。一方で、行使価格が市場価格より不利なアウト・オブ・ザ・マネーや等価なアット・ザ・マネーのオプションは、本質的価値がゼロとなる。

時間的価値は、実際のプレミアムと本質的価値との差額のことをいい、満期日までに原資産価格（市場価格）が変動して本質的価値が大きくなることを期待した価値を意味する。時間的価値は、満期日までの残存期間や原資産価格のボラティリティ（予想変動率）の大きさなどによって決まり、残存期間が長ければ長いほど、また原資産価格のボラティリティが大きければ大きいほど、原資産の将来の価格の不確実性が増して時間的価値は大きくなる。その一方で、時間の経過とともに時間的価値は小さくなり、オプションの満

（図表８－７）本質的価値と時間的価値

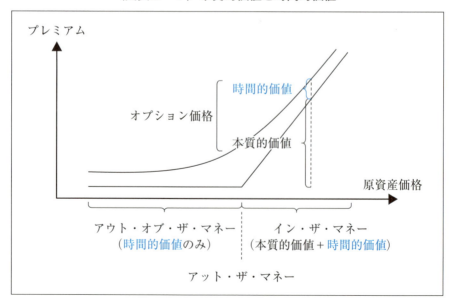

期日にはゼロになる。

　通常、時間的価値は、今後、どのくらいの利益が得られる期待値があるか
を表しており、将来の原資産価格の不確実性が高いほど時間的価値は大きく
なり、具体的には、アット・ザ・マネーで最も大きくなり、イン・ザ・マ
ネーやアウト・オブ・ザ・マネーになるにつれて小さくなる。

(3)　ストラドル

　ストラドルとは、オプション取引の手法で、同一限月で同一権利行使価格
のコール・オプションとプット・オプションを組み合わせた取引をいう。

　相場の方向性に関係なく、相場が変動するかどうかを予想して行う戦略で、
同一行使価格のコール・オプションとプット・オプションを同数買うロング
ストラドル（ストラドルの買い）は、相場が上昇した場合にはコール・オプ
ションを行使し、相場が下落した場合にはプット・オプションを行使するこ
とで利益が得られる。ただし、プレミアムを約2倍（コールのプレミアムと
プットのプレミアム）支払わなければならないため、相場が大きく変動しな
いと、利益を得ることはできない。ショートストラドル（ストラドルの売
り）は、プレミアムを約2倍（コールのプレミアムとプットのプレミアム）
受け取れるため、相場が予想どおり安定していれば利益を得られるが、予想
がはずれた場合には損失が大きくなる可能性がある。

（図表8－8）ストラドルの買いと売り

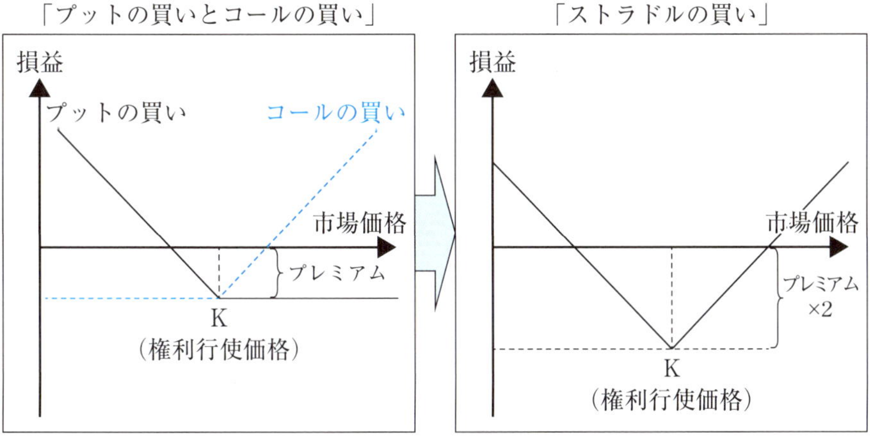

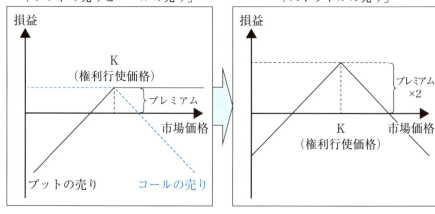

(4) ストラングル

　ストラングルは、同一限月で異なる権利行使価格のコール・オプションとプット・オプションを組み合わせた取引をいう。

　ストラドルと同様に、相場の方向性に関係なく、相場が変動するかどうかを予想して行う戦略で、アウト・オブ・ザ・マネーのコール・オプションとプット・オプションを同数買うロングストラングル（ストラングルの買い）は相場が変動するほど利益が上がり、アウト・オブ・ザ・マネーのコール・オプションとプット・オプションを同数売るショートストラングル（ストラングルの売り）は相場が狭い範囲でしか変動しないと予想される場合に利益が出る。

　ロングストラングルはストラドル以上に相場が大きく動きそうだと予想される場合にとられる戦略で、ショートストラングルは相場の変動が多少大きくてもストラドルに比べて収益を保つことができる戦略である。

第8章　デリバティブ

(図表8−9) ストラングルの買いと売り

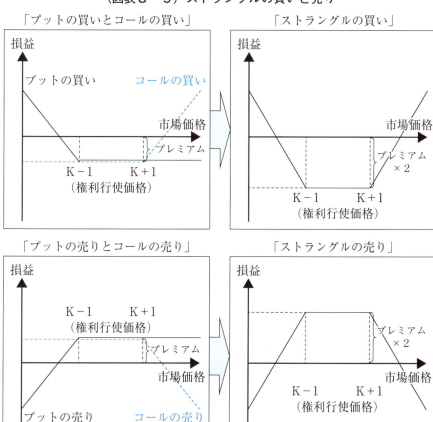

3 デリバティブの種類

(1) 先物取引（フューチャー）と先渡取引（フォワード）

　先物取引（フューチャー）と先渡取引（フォワード）は、いずれもある商品を将来の一定の期日に、一定の価格で取引することを約束する契約をいう。この点では、先物取引と先渡取引とは同じだが、先物取引は諸条件がすべて標準化、定型化され、取引所で行われるのに対し、先渡取引は商品の種類、数量、受渡しの時期、売買の場所等の条件を、当事者間で任意に定めることができる。また、先渡取引は、期限日に現物を渡すことが原則となる。そのため、期限日までの間に取引の対象商品の値動きによって契約を変更したり、解約したりする場合、相手方との交渉が必要になるが、先物取引は期限日前にいつでも自由に反対売買することによって、当初の契約を解消することができる。

(2) バリア・オプション

　バリア・オプションとは、原資産価格がある一定の価格（バリア）に到達するか否かで、権利が発生したり消滅したりするオプションのことをいい、ノックイン・オプションとノックアウト・オプションがある。

　ノックイン・オプションは、原資産価格がある一定の価格（ノックインプライス）に到達すると、オプションの権利が発生するオプションのことをいう。オプション期間中に一度でも原資産価格がノックインプライスに到達すると、そこで初めてオプションの権利が発生する。

　ノックアウト・オプションは、原資産価格がある一定の価格（ノックアウトプライス）に到達すると、オプションの権利が消滅してしまうオプションのことをいう。原資産価格が満期までの間にノックアウトプライスに到達しなければオプションの権利は有効だが、ノックアウトプライスに到達するとオプションの権利が消滅する。

(3) 金利オプション

　金利オプションとは、金利商品を原資産とするデリバティブ取引をいう。マーケットの各種金利の変動に対応した金利商品に対するオプション取引で、

代表的なものには「スワップション」「金利キャップ」「金利フロア」の３つ
がある。

（図表８－10）代表的な金利オプション

スワップション	金利スワップを原資産とし、将来のある時点におけるスワップの固定金利を権利行使価格とするオプションで、将来のある期日における金利スワップを開始する権利を取引する。
金利キャップ	オプション（キャップ）の買い手が売り手に対してプレミアムを支払うことによって、契約期間中の金利更改日に基準金利がストライクプライス（キャップレート）を上回った場合に、その差額（金利差）を受け取ることができる取引。
金利フロア	オプション（フロア）の買い手が売り手に対してプレミアムを支払うことによって、契約期間中の金利更改日に基準金利がストライクプライス（フロアレート）を下回った場合に、その差額（金利差）を受け取ることができる取引。

(4)　アービトラージ

　アービトラージ（裁定取引）とは、市場にできる価格差を利用して利益を
獲得しようとする取引をいう。通常、同一の性格を持つ２つの商品の間で、
割安な方を買い、割高な方を売り、市場の価格がいずれ理論価格に近づき、
価格の乖離がなくなった時点で反対売買を行なうことによって収益を確定さ
せる。

　例えば、日本の株式市場でよく行われるアービトラージとして、日経平均
と日経平均先物を対象とした取引がある。これは、日経平均から日経平均先
物の理論価格を算出し、日経平均先物の価格が理論価格を上回った時に「先
物売り・現物買い」、一方で先物価格が理論価格を下回った時に「先物買
い・現物売り」の取引を行い、先物価格が理論価格にサヤ寄せした時に反対
売買をすることで、収益を得る。

　なお、アービトラージはノーリスクに見えるが、収益を確保するためには、
高い専門性やノウハウが必要とされる。また、市場全体で見れば、アービト
ラージは市場間の価格差を是正する方向に働くため、市場の歪みを正し、適
正な市場価格の形成に寄与しているといえる。

167

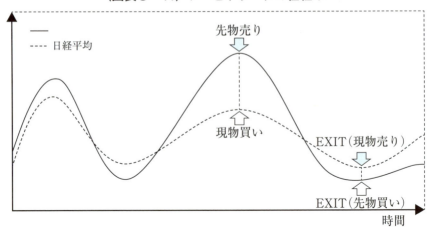

(図表8-11) アービトラージの仕組み

Column6

デリバティブ教授方法に悩む

　大学での授業で学生にファイナンスを講義するとき、もっとも、難しいのはデリバティブである。そもそもファイナンスは学生にとってマーケティングやヒューマンリソースのような親和性[1]がなく、現代ポートフォリオ理論を具体的なイメージとして理解できるものは少ない。また、株式の取引を経験している学生がいたとしても、デリバティブを体験している者は稀有といえる。そこで概念的に理解してもらおうと、図表や表計算ソフトを利用して理解が深まるように工夫する。それでもデリバティブを教えることは簡単ではない。

　しかし、デリバティブを学ぶことは運用を職業にするプロフェッショナルにとっては重要である。デリバティブの意味は原資産からの派生である

---

[1] たとえばマーケティングでは商品開発でのカップラーメン、ヒューマンリソースでは人事での昇進昇格などがテレビドラマで取り上げられたりして学生にとっても親和性がある。

が、原資産の価格に多大な影響を与えるからだ[2]。また金融のプロフェッショナルではないが、貿易会社はもちろん製造業でも為替の影響は大きく業績に影響する。こういった業界では、ヘッジ目的でのデリバティブ利用は日常的である。だからぜひ応用が効くように理解してもらいたい。

そこで、大学生にデリバティブを教えるに際して私なりの工夫がある。数学嫌いな中学生に教えるときの方法だ。まずは抵抗感をなくすことである。そしてお決まりの重要性を話すことである。この順番は案外重要で、逆にすると「先生の言うことはわかるけど嫌い」と拒絶反応をおこし考えること自体をやめてしまう。そこで不謹慎かもしれないが私は最初にトランプの話をする。トランプにはさまざまなゲームがある。それぞれのルールを覚えないとゲームを楽しめない。そのゲームのルールのそれぞれには名称があるが意味はない。たとえばポーカーの役でフラッシュ、スリーカードがある。スリーカードは見た目どおりだが、フラッシュの方はそうではない。同じ種類が揃っても目がくらむことはない。デリバティブもイメージしやすい用語をあてているが、内容と名称がイメージできないこともある。たとえば、イン・ザ・マネーとアウト・オブ・ザ・マネーはイメージしやすい。権利行使をしたときに得られる金額がプラスの状態かどうかだからだ。しかし、ヨーロピアン・オプションとアメリカン・オプションはどうだろうか。我々が持つヨーロピアンとアメリカンはコーヒーだろう。ヨーロピアンは濃いがアメリカンは薄い。一定の期間内にいつでも権利行使ができるアメリカン・オプションは薄いイメージではない。言語学に造詣がないためか不自然のように思え混乱する。記号だと割り切って覚えるしかないのだろうか。

一方で、トランプのようなゲームは胴元とお客が存在して成り立つものだ。胴元はお客を喜ばせようとさまざまな工夫をする。それは参加者が多

---

2 たとえば先物が現物よりも割高な場合、決済のために先物売り現物買いを行いSQ（最終清算指数）決済を行うことで、現物の資産価格が動く。先物という派生が現物の価格に影響することをたとえて「くじらのしっぽ（先物）が身体（原資産価格）を振り回す」と表現されている。

ければ多いほど胴元がもうかるからだ。これは固定費と変動費を考えれば明白だ。多くの顧客を集めたければ簡単明快なほうがわかりやすい。このような工夫がデリバティブの仕組みにはある。たとえば、差金決済、レバレッジ、限月や最終清算指数などだ。そもそも対象をインデックスにすれば誰にでもわかりやすい。さらには工夫次第で原資産の売り買いとは異なるペイオフ・ダイアグラム[3]を描くことができる。このようにデリバティブは多様な投資戦略が可能となる魅力的なゲームであるといえる。

このようにゲームに例えることで抵抗感をなくしてもらい、魅力的な投資戦略を創るうえでデリバティブは大切な手段であることを理解してもらいたい。

---

3 デリバティブ取引において、その満期（もしくは権利行使時や決済時など）に実現されるキャッシュフロー。

第9章　オルタナティブ投資

第9章　オルタナティブ投資

【本章のねらい】

　オルタナティブ投資とは株式や債券といった伝統的資産とは異なる資産
への投資をいう。具体的には、ヘッジファンドやプライベートエクイティ
のほか、金や石油などのコモディティや不動産等の実物資産への投資があ
げられる。

　オルタナティブ投資は伝統的資産への投資と比べて投資家にとって取り
扱いにくい。それにもかかわらず、多くの投資家から注目されているの
は、伝統的資産とはリスク・リターン特性が異なるため伝統的資産と組み
合わせることで分散効果が得られることが大きい。

　オルタナティブ投資は、一般に流動性に課題がある[1]一方、他の資産と
の相関の低さやハイリターンが期待できるなどの特徴があり、機関投資家
などの大口投資家が分散投資の一つとして取り入れていたが、最近では、
そのハイリターンに着目して個人投資家のニーズも高まりつつある。

　本章では、オルタナティブ投資とその種類について理解する。

1 オルタナティブ投資

(1) 伝統的資産とオルタナティブ投資

　投資の世界でいう伝統的資産とは、株式と債券を意味する。日本では、国
内株式、外国株式、国内債券、外国債券の4資産ということになる。なお、
この場合の外国株式や外国債券は先進国の株式や債券を指す。また、現金
（キャッシュ）を伝統的資産に含めることもある。伝統的資産への投資では、
先進国株式は相互に相関が高く、十分な分散投資が難しいことから、分散投
資やリスクの抑制のためにオルタナティブ投資が広がった。

---

[1] 上場REITの場合、取引所取引のため流動性が確保されている。一方、多くのオルタ
　ナティブ投資は相対取引であり売却先を見つけることが難しい。また、買い取り請求
　も契約上制限されている場合があるため流動性に課題がある。

171

オルタナティブ[2]投資（代替資産投資）とは、株式や債券などの伝統的な資産とは異なる資産への投資をいう。

一般にオルタナティブ投資における投資対象は、株式や債券などとの相関性が低いとされ、分散投資の一つの選択肢となっている。昨今は、個人投資家向けにもオルタナティブファンドなどが販売されているほか、REITや商品指数連動ETF、金、商品先物取引、差金決済取引などを活用して、オルタナティブ投資を行うことができる。

（図表９－１）主な伝統的資産とオルタナティブ投資

伝統的資産	オルタナティブ投資
国内株式 外国株式 国内債券 外国債券　　　など	不動産 コモディティ（商品） プライベートエクイティ ヘッジファンド インフラファンド 証券化商品 保険商品　　　　　　など

(2)　オルタナティブ投資の特徴

オルタナティブ投資の最大の特徴は投資対象となる資産が拡大することである。オルタナティブ投資の対象は、不動産、コモディティ（商品）、ヘッジファンド、ベンチャーキャピタルなどの各種ファンド、証券化商品、インフラ投資、金融デリバティブ、プライベートエクイティ（未公開株式）、美術品などである。

２つめの特徴として、投資手法の多様化があげられる。従来型の伝統的資産投資では、基本的に価格の上昇が収益の獲得につながるが、オルタナティブ投資では先物取引やオプション取引、スワップ取引といった金融デリバティブを用いて、あらゆる市場の局面で収益機会が得られるように投資手法

---

[2]　オルタナティブ（alternative）とは、「既存のものに代わる、慣習にとらわれない」といった意味。

第9章　オルタナティブ投資

が多様化される。オルタナティブ投資の一つであるヘッジファンドでは、先物取引、オプション取引などの金融デリバティブが活用され、リスクを抑制しつつリターンを高めるような工夫が行われている。

　また、投資する国・地域の拡大も特徴の一つである。伝統的資産では先進国への投資が中心であったが、オルタナティブ投資では、新興国への投資も頻繁に行われる。

(3)　オルタナティブ投資のメリット・デメリット

　オルタナティブ資産投資のメリット、デメリットを整理すると次のようになる。

（図表9－2）オルタナティブ投資のメリット・デメリット

オルタナティブ投資のメリット	
分散効果	・投資対象となる資産の拡大、投資手法の多様化、投資する国・地域の増加が期待できる。 ・伝統的資産である株式や債券とは異なった価格変動をする資産が多い。
収益機会	・収益機会の多様化が期待できる。 ・「買い」と「売り」の両方の取引を行うことにより、金融市場のあらゆる局面で収益機会が得られる。
オルタナティブ投資のデメリット	
仕組み	・仕組みが複雑でわかりづらい場合がある。 ・ヘッジファンドなど高度な手法を用いた取引は、一般には複雑でわかりづらい。
価格変動	・値動きの要因や理由がわかりづらい場合がある。 ・ヘッジファンドなどは、どういう状況で資産価格が上昇・下落するかわかりづらい。
パフォーマンス評価	・価格の妥当性の目安となるベンチマークがないものが多く、パフォーマンス評価が困難。 ・株式のPERのような資産価格の目安・基準となるものがないものが多い。
取引コスト	・伝統的資産と比べて売買手数料や管理手数料などの各種手数料が高い。
流動性	・流動性や換金性が低く、思ったようなタイミングで売却できない場合がある。

173

2 オルタナティブ投資の種類

(1) 不動産

オルタナティブ投資の代表例の一つが不動産である。不動産投資には、直接アパートやマンションなどの実物不動産に投資する、不動産の小口化商品に投資する、上場されたREITに投資する、不動産に投資する投資信託に投資する、などの方法がある。機関投資家の場合は私募REITや私募ファンドに投資する方法も考えられる。

（図表９－３）不動産投資

不動産投資
・実物不動産（現物不動産） ・小口化商品 ・上場REIT ・私募REIT ・不動産に投資する投資信託 ・私募ファンド

(2) コモディティ

コモディティ（商品）投資としては、金地金の積立投資や金ETFなどへの投資などがよく知られている。金やプラチナなどの貴金属はそれ自体に価値があり実物が保有できる資産であることも特徴の一つである。その他のコモディティにはエネルギー、産業用金属、農産物、畜産物等がある。

（図表９－４）コモディティ投資

コモディティ投資
・貴金属（金、銀、プラチナ） ・産業用金属（アルミニウム、銅、鉛） ・エネルギー（原油、ガソリン） ・農産物（小麦、コーン、大豆） ・畜産物（牛肉、豚肉）

第9章　オルタナティブ投資

(3)　ヘッジファンド

　ヘッジファンドとは、先物取引などの金融デリバティブ（金融派生商品）などの取引手法を活用したファンドをいう。ヘッジファンドの投資戦略は大きく分けると相場見通しに基づいて投資を行うディレクショナル（方向性）戦略、銘柄間などの相対的な価格差に着目して割安な銘柄を買い割高な銘柄を売るレラティブバリュー（相対価値）戦略、企業買収などのイベントに着目して利益を狙うイベントドリブン戦略などがある。

（図表９－５）ヘッジファンド投資

ヘッジファンド投資
・ディレクショナル（方向性）戦略（株式ロングショート、 　グローバルマクロ、マネージドフューチャーズ） ・レラティブバリュー（相対価値）戦略（株式マーケットニュートラル、 　債券アービトラージ、転換社債アービトラージ） ・イベントドリブン戦略（ディストレスト、M&Aアービトラージ、 　スペシャル・シチュエーション）

(4)　プライベートエクイティ

　プライベートエクイティとは未公開株に投資するファンドのことをいう。ベンチャー企業に投資をするベンチャーキャピタル、企業を買収して高い企業価値を持たせてから売却するバイアウトファンド、経営不振の企業の立て直しを行う企業再生ファンド、経営破綻したあるいは経営破綻しそうな企業の株式を買い取るディストレストファンドなどがある。

（図表９－６）プライベートエクイティ投資

プライベートエクイティ投資
・ベンチャーキャピタル ・バイアウトファンド ・企業再生ファンド ・ディストレストファンド ・セカンダリーファンド ・メザニンファンド

⑸　証券化商品

　証券化商品とは、不動産、ローン、債権、知的財産権、事業など収入（キャッシュフロー）が見込まれる原資産を裏付けとして発行された証券が商品化されたものをいう。不動産関連ローンを裏付けとするMBS（不動産担保証券）、社債や金融機関の事業会社に対するローンを裏付けとするCDO（債務担保証券）、MBSやCDOに分類されない資産を裏付けとするABS（狭義の資産担保証券）などがある。

（図表9－7）証券化商品投資

証券化商品投資
・MBS（不動産担保証券）、RMBS（住宅ローン担保証券）、CMBS（商業不動産担保証券）、CMO（不動産抵当証券担保債券） ・CDO（債務担保証券）、CBO（社債担保証券）、CLO（ローン担保証券） ・ABS（自動車ローン債権、リース料債権、割賦債権、クレジットカード債権、学生ローン債権、消費者ローン債権、売掛金、商業手形など）

⑹　インフラ投資

　インフラ投資とは経済や社会の基盤となるインフラ施設に直接的・間接的に投資することをいう。インフラ施設には、経済インフラと社会インフラがある。

（図表9－8）インフラ投資

インフラ投資
・経済インフラ（道路、橋、トンネル、鉄道、河川、港湾、空港、発電所、送配電施設、パイプライン、ダム、上下水道、放送・通信施設、衛星、ケーブル） ・社会インフラ（学校、病院、刑務所、政府関連施設）

(7) 保険商品投資

　保険商品投資とは生命保険や損害保険に連動する保険リンク証券などに投資することをいう。再保険・再々保険、証券化の仕組み、金融デリバティブの仕組みなどを使って損害保険や生命保険のリスクに投資する。景気動向などにリターンが左右されないことが特徴である。具体的には自然災害の発生状況によって得られる収益が変わってくるキャットボンド（CAT債；Catastrophe bond）などがある。

（図表9－9）保険商品投資

保険商品投資
・生命保険投資（超過死亡リスクの再保険、長寿リスクの再保険、 　医療保険の超過支払いリスクの再保険、ライフセトルメント） ・損害保険投資（CAT債（キャットボンド）、再保険・再々保険、 　ILW（インダストリー・ロス・ワランティ））

Column7

オルタナティブ投資をどうとらえるか？

　オルタナティブの日本語訳は「代替的」であるが、伝統的資産を代替する資産と理解するのではなく、伝統的な投資ではない投資と理解したほうがわかりやすい。

　例えば、不動産投資信託と不動産会社の上場株式に投資するのでは意味が違う。インフラファンドとインフラ企業の上場株式に投資するのも同様だ。伝統的な株式というくくりの中での不動産会社やインフラ会社の株価は株式のインデックスの動きとは無関係ではいられない。たとえ、不動産賃貸やインフラからの利益が景気とは関係なく業績は安定したとしても、投資家が株式投資に神経質になって資金を安定資産に振り替えれば株式のインデックスは下落する。それにともなって不動産会社やインフラ企業の上場株式の価格も下落することになる。一方で不動産投資信託やインフラファンドのリターンの源泉は賃料収入やインフラからの利益であるので市

場の影響は受けにくいのである。このようにオルタナティブ投資を考えるときにはリターンの源泉が何かを分析することが重要となる。

　また、投資手法に源泉を求めるヘッジファンドでは、その投資手法が投資する期間の市場環境に適しているかどうかを見極める必要がある。ヘッジファンドやプライベートエクイティは運用者の能力が大きな鍵となるため、実績を確認するとともに将来の市場環境との適合性を評価する必要がある。オルタナティブ投資をひとくくりに理解せず、それぞれの特徴を別々に理解する必要がある。

索引

■英字■

ABS	176	J-REIT	79
APT	47	M&A	114
BPS	121	MBS	176
BRICs	20	NEXT11	20
CAPM	43	NPV	129
CAT債	177	NPV法	129
CB	143	PBR	120
CML	43	PCFR	121
CI	5	PER	120
CDO	176	PSR	122
DCF	124	REIT	79
DCF法	126	ROA	110
DDM	122	ROE	111
DI	5	TAA	68
EBITDA	125	TTB	149
EPS	120	TTM	149
ETF	82	TTS	149
EV/EBITDA倍率	126	WACC	127
FCF	124		
FX取引	151		

■あ■

アービトラージ	167
アクティブ運用	68
アセット・アプローチ	148
アセット・アロケーション	64
アセット・ミックス	64
アウト・オブ・ザ・マネー	161
アット・ザ・マネー	161
アノマリー	57
アメリカン・オプション	159

GDE	2
GDI	2
GDP	2
GDPデフレーター	6
GPIF	61
IR	15
IRR	128

179

アルファ（α）…………………… 51
アンシステマティック・リスク … 45
安全資産 …………………………… 42

■い■
イールドカーブ …………………… 26
イールドカーブコントロール …… 31
イベントドリブン ………………… 175
イン・ザ・マネー ………………… 161
インタレスト・カバレッジ・レシオ
………………………………… 112
インデックス運用 ………………… 68
インフォメーション・レシオ …… 50
インフラ投資 ……………………… 176
一致系列 …………………………… 5

■う■
ウィーク・フォーム ……………… 55
売上高利益率 ……………………… 112
運用管理費 ………………………… 86
運用報告書 ………………………… 102
運用モニタリング ………………… 94

■え■
エクイティスワップ ……………… 158
エマージング市場 ………………… 19

■お■
オープンエンド型投資信託 ……… 81
オルタナティブ投資 ……………… 171
オプション取引 …………………… 158
応募者利回り ……………………… 135

■か■
カントリーリスク ………………… 139

外貨預金の利回り ………………… 149
外国為替証拠金取引 ……………… 151
価格発見機能 ……………………… 16
会社型投資信託 …………………… 79
加重平均資本コスト ……………… 127
株価キャッシュフロー倍率 ……… 121
株価収益率 ………………………… 120
株価売上高比率 …………………… 122
株価純資産倍率 …………………… 121
株価連動債 ………………………… 145
株式 ………………………………… 14
株式投資信託 ……………………… 81
株主割当 …………………………… 15
為替 ………………………………… 147
為替スワップ ……………………… 158
為替ヘッジ ………………………… 150
為替連動債 ………………………… 145
間接金融 …………………………… 20
元本払戻金 ………………………… 90

■き■
キャットボンド …………………… 177
期間回収法 ………………………… 127
機関投資家 ………………………… 67
企業再生ファンド ………………… 175
企業の成長サイクル ……………… 116
期限前償還条項付債券 …………… 144
基準価額 …………………………… 89
業況判断DI ………………………… 5
逆イールド ………………………… 27
共益権 ……………………………… 107

索引

共分散 …………………………… 36	購買力平価説 ………………………… 148
金融派生商品 ……………………… 155	交付目論見書 ………………………… 102
金利オプション …………………… 166	公募 …………………………………… 15
金利キャップ ……………………… 167	効率的市場 …………………………… 16
金利スワップ ……………………… 158	効率的市場仮説 ……………………… 55
金利の期間構造 …………………… 26	効率的フロンティア ………………… 41
金利フロア ………………………… 167	効率的ポートフォリオ ……………… 41
金利リスク ………………………… 139	国際分散投資 ………………………… 152

■く■

クーポン …………………………… 134	国内総支出 …………………………… 2
クーポンスワップ ………………… 158	国内総所得 …………………………… 2
クォンツ運用 ……………………… 71	国内総生産 …………………………… 2

■さ■

グロース投資 ……………………… 70	サスティナブル成長率 ……………… 113
クローズドエンド型投資信託 …… 81	債券 …………………………………… 14

■け■

景気動向指数 ……………………… 4	債券投資のリスク …………………… 139
経済成長率 ………………………… 4	最終利回り …………………………… 136
契約型投資信託 …………………… 78	裁定価格理論 ………………………… 47
原資産 ……………………………… 155	裁定取引 ……………………………… 167
現代ポートフォリオ理論 ………… 39	財的資産 ……………………………… 59

■こ■

	債務担保証券 ………………………… 176
コーポレートガバナンスコード … 8	財務レバレッジ ……………………… 112
コーラブル債 ……………………… 144	先物為替レート ……………………… 150
コール・オプション ……………… 158	先物取引 ……………………… 157, 166
コモディティ ……………………… 174	先渡取引 ……………………………… 166
コモディティスワップ …………… 158	残余利益割引モデル ………………… 125

■し■

コンベクシティ …………………… 141	ジェンセンのアルファ（α）……… 51
固有リスク ………………………… 45	システマティック・リスク ………… 45
公社債投資信託 …………………… 81	シャープ・レシオ …………………… 49
行動ファイナンス理論 …………… 56	ジャンク・ボンド …………………… 142

自益権	107	人的資産	59
時間加重収益率	97	■す■	
時間的価値	162	スチュワードシップコード	8
事業承継税制	109	スティープ化	28
直物為替レート	150	ステップアップ債	145
仕組債	144	ステップダウン債	145
自己資本利益率	111	ストラテジック・アセット・アロケー	
資産クラス	63	ション	68
資産担保証券	176	ストラドル	163
市場インデックス	17	ストラングル	164
市場リスク	45	ストロング・フォーム	55
市場分断仮説	30	スワップション	167
市場ポートフォリオ	43	スワップ取引	157
私募	15	■せ■	
実効利回り	137	セミストロング・フォーム	55
実質GDP	4	ゼロサムゲーム	156
資本コスト	45	ゼロ成長モデル	123
資本資産評価モデル	43	正規分布	34
資本市場線	43	請求目論見書	102
修正デュレーション	141	政策アセット・ミックス	64
順イールド	27	絶対的購買力平価説	148
純粋期待仮説	30	接点ポートフォリオ	42
証券化商品	176	先行系列	5
正味現在価値	129	■そ■	
所有期間利回り	136	相関係数	37
新株予約権	143	相続クーデター	108
新株予約権付社債	143	総資本回転率	112
新興国市場	19	総資本利益率	110
信託報酬	86	相対的購買力平価説	148
信用格付	142		

■た■

タクティカル・アセット・アロケーション ……………… 68

ダイナミック・アセット・アロケーション ……………… 68

第三者割当 ……………… 15

他社株転換社債 ……………… 145

単位型投資信託 ……………… 82

■ち■

遅行系列 ……………… 5

知的資産 ……………… 59

直接金融 ……………… 20

直接利回り ……………… 136

■つ■

追加型投資信託 ……………… 82

通貨スワップ ……………… 158

■て■

ディスカウント ……………… 150

ディストレストファンド ………… 175

ディープ・イン・ザ・マネー … 161

ディープ・アウト・オブ・ザ・マネー ……………… 161

ディレクショナル ……………… 175

デットエクイティスワップ ……… 106

デフォルトリスク ……………… 139

デュアルカレンシー債 ………… 145

デューデリジェンス ……………… 118

デュレーション ……………… 141

デリバティブ ……………… 155

定額配当割引モデル ……………… 123

定性評価 ……………… 97

定率成長モデル ……………… 123

定量評価 ……………… 96

転換社債型新株予約権付社債 … 143

伝統的資産 ……………… 171

■と■

トップダウンアプローチ ……… 68

トラッキング・エラー ……… 51

トレイナー・レシオ ……………… 50

投資一任契約 ……………… 74

投資信託 ……………… 74

投資助言契約 ……………… 73

投資政策書 ……………… 58

投資不適格債 ……………… 142

騰落率 ……………… 104

投信総合検索ライブラリー ……… 101

特別分配金 ……………… 90

途中償還リスク ……………… 139

■な■

内部収益率 ……………… 128

■に■

日銀短観 ……………… 5

■ね■

年金積立金管理運用独立行政法人 ……………… 61

■の■

ノーロード型ファンド ……………… 89

ノックアウト・オプション ……… 166

ノックイン・オプション ………… 166

■は■

バイアウトファンド ················ 175
ハイイールド債 ···················· 143
パッシブ運用 ······················· 68
パフォーマンス判定期間 ········ 95
パフォーマンス評価 ·············· 49
パラレルシフト ···················· 30
バリア・オプション ············· 166
パリティ ···························· 143
バリュー投資 ······················· 70
配当割引モデル ··················· 122
発行市場 ····························· 14

■ひ■

標準偏差 ····························· 32

■ふ■

ファミリーガバナンス ··········· 62
ファミリーミッションステートメン
ト ································ 61
ファンダメンタルズ ················ 7
ファンド・オブ・ファンズ ······· 84
フェアネスオピニオン ·········· 118
フォワード ························· 166
プット・オプション ············· 158
フューチャー ······················ 166
プライベートエクイティ ········ 175
フラット化 ·························· 29
フリーキャッシュフロー ········ 124
フリーキャッシュフロー割引モデル
································ 124
ブル型ファンド ···················· 71

ブル・ベア型ファンド ············ 71
プレミアム ·········· 150, 158, 161
プロキシーファイト ·············· 15
普通分配金 ·························· 90
不動産 ······························ 174
不動産担保証券 ··················· 176
分散 ································· 32
分散投資 ····························· 31
分配金 ······························· 90
分離定理 ····························· 43

■へ■

ベア型ファンド ···················· 71
ベータ（β） ················ 44, 51
ペイオフ ····························· 21
ヘッジコスト ······················ 150
ヘッジファンド ··················· 175
ベンチマーク ························ 17
ベンチャーキャピタル ·········· 175

■ほ■

ポートフォリオ ···················· 32
ポートフォリオ効果 ·············· 36
ボトムアップアプローチ ········ 69
ホワイトナイト ··················· 114
保険商品投資 ······················ 177
本質的価値 ························· 161

■ま■

マコーレー・デュレーション ···· 141
マルチ・コーラブル債 ··········· 144
マルチファクターモデル ········ 48
マルチプル法 ······················ 126

毎月分配型ファンド ··············· 85

■む■

無差別曲線 ······················ 39

無リスク資産 ···················· 42

■め■

名目GDP ·························· 4

■も■

モダン・ポートフォリオ・セオリー
··································· 39

目論見書 ························· 101

■よ■

ヨーロピアン・オプション ······· 159

預金保険制度 ···················· 21

■ら■

ラップ口座 ······················ 83

ランダム・ウォーク理論 ·········· 56

■り■

リート ··························· 79

リスク ··························· 26

リスク回避型投資家 ·············· 40

リターン ························· 25

リバースフローター債 ··········· 145

利付債 ·························· 134

流通市場 ························· 16

流動性リスク ··················· 139

流動性プレミアム仮説 ············ 30

■れ■

レバレッジ運用 ·················· 71

レバレッジ効果 ················· 156

レラティブバリュー ············· 175

■わ■

ワラント ······················· 143

ワラント債 ····················· 143

割引キャッシュフロー法 ··········· 24

割引現在価値 ···················· 24

割引債 ························· 134

割引率 ························· 24

＜参考文献＞

・「証券アナリスト基礎講座（第1分冊・第2分冊）」日本証券アナリスト協会
　編集兼発行
・「証券アナリスト第1次レベル通信教育講座テキスト」（第6回　株式分析、
　第7回　債券分析、第8回　デリバティブ分析、第9回　ポートフォリオ・
　マネジメント・プロセス）日本証券アナリスト協会編集兼発行
・「証券アナリスト第2次レベル通信教育講座テキスト」（第8回　国際証券投
　資）日本証券アナリスト協会編集兼発行
・「プライベートバンキング（上下巻）」日本証券アナリスト協会編集／ときわ
　総合サービス発行
・「あなたもなれる！PBコーディネーター　～プライベートバンカー入門　52
　の心得～」日本証券アナリスト協会編集／ときわ総合サービス発行

＜編集、執筆、監修＞

編集・執筆：公益社団法人　日本証券アナリスト協会

監修・執筆：三好　秀和（みよし　ひでかず）
　　　　　　　高度人材養成機構理事長、立命館大学経済学部客員教授。
　　　　　　　京都大学博士（経済学）、早稲田大学大学院ファイナンス研究科
　　　　　　　修了（MBA）、慶應義塾大学経済学部卒。
　　　　　　　日本証券アナリスト協会PB資格試験委員、日本FP学会理事、日
　　　　　　　本おもてなし学会理事、日商金財DCプランナー試験委員。

資産運用・管理の基礎知識
〜プライベートバンカー資格試験対応〜

2019年4月17日　初版第1刷発行

編　者 ── 公益社団法人 日本証券アナリスト
　　　　　協会

発行所 ── ときわ総合サービス 株式会社
　　　　　〒103-0022　東京都中央区日本橋室町4-1-5
　　　　　共同ビル（室町四丁目）
　　　　　☎ 03-3270-5713　FAX 03-3270-5710
　　　　　http://www.tokiwa-ss.co.jp/

印刷／製本 ── 株式会社サンエー印刷

落丁・乱丁本はお取り替えいたします。